LES VIES SECRÈTES DE PARIS

DE LA MÊME AUTEURE

100 femmes inoubliables, Solar, 2010.
Lost in Jérusalem, Le Passeur Éditeur, 2013.
La vie après le suicide d'un proche, Le Passeur Éditeur, 2018.

Katia Chapoutier

Les Vies secrètes de Paris

LE PASSEUR
ÉDITEUR

Dans la collection « Le Passeur Poche »

Céline Anaya Gautier, *Dis, maman, c'est encore loin compostelle ?*
Philippe André, *Robert Schumann, folies et musique*
Guillaume Apollinaire, *Faire l'amour et faire la guerre*
Leonard Appel, *En dialogue avec Christiane Singer*
Bettina von Arnim et Johann Wolfgang von Gœthe, *Le monde n'a pas besoin de savoir que tu m'aimes*
Gilles Babinet, *Big data, penser l'homme et le monde autrement*
Gilles Babinet, *Transformation digitale : l'avènement des plateformes*
Isabelle Barth et Yann-Hervé Martin, *La Manager et le Philosophe*
Pauline Bebe, *Saisir le merveilleux dans l'instant*
Pierre Bonte, *La Belle France*
Coline Béry, *Adrienne Bolland ou les ailes de la liberté*
Linda Bortoletto, *L'audace nous rendra libres*
Linda Bortoletto, *Là où je continuerai d'être*
Marianne Chaillan, *Game of Thrones, une métaphysique des meurtres*

(suite en fin d'ouvrage)

www.lepasseur-editeur.com

ISBN : 978-2-36890-777-1

« S'il me fallait faire la géographie de Paris, je diviserais la grande ville en plusieurs pays : Paris ancien et nouveau, Paris passé et futur, Paris qui dort et Paris qui veille ; il y aurait aussi le Paris infernal et le Paris élyséen, le Paris qui travaille et le Paris qui s'amuse, le Paris qui pleure et le Paris qui chante. »

THÉOPHILE GAUTIER

Pour mes parents, Max et Gisela,
qui m'ont inoculé le virus de la curiosité
dès mon plus jeune âge.

Ouverture

Depuis plusieurs années, j'ai la chance d'arpenter Paris afin de réaliser des reportages pour l'émission *Des racines et des ailes*, pour Radio Canada ou encore pour France Culture. À la recherche de la pépite inconnue ou du trésor oublié, je suis toujours émerveillée de découvrir qu'il existe encore tant d'endroits dotés d'un véritable supplément d'âme.

Ce supplément d'âme est bien souvent le reflet des belles personnes qui font vivre ces lieux, parfois mêlé au souvenir de ceux qui y ont laissé leur empreinte. Un subtil mélange de passion et de réminiscences.

Tout le monde connaît les adresses incontournables et les grands monuments de Paris, de façon superficielle, mais rarement les histoires extraordinaires qui s'y rattachent. Pourtant, elles sont essentielles pour en apprécier pleinement l'atmosphère.

Il y a aussi tant de gens étonnants qui, avec une énergie hors du commun, créent de nouveaux endroits, les font émerger, exister sans qu'ils soient forcément connus du grand public. Ce sont ces escales inattendues qui permettent à la capitale de continuer à nous surprendre et à nous faire vibrer au quotidien.

Ce livre est une invitation à découvrir des coins méconnus de Paris mais aussi des destins à part, intimement liés à son histoire. Des destins qui nous permettent de mesurer combien cette ville a encore bien des secrets à nous révéler…

1

L'appartement de la Grande Mademoiselle

1er arrondissement

Au 31 de la rue Cambon, l'appartement de mademoiselle Chanel est resté intact. Le temps s'est arrêté depuis sa disparition. Une adresse extraordinaire, classée monument historique mais fermée au public, où l'on découvre cette grande dame de la haute couture.

C'est certain, elle n'est pas loin. Va-t-elle arriver ou vient-elle juste de quitter la pièce ? On ne saurait dire, mais les effluves de N° 5 le confirment, elle est proche. C'est presque palpable.

L'appartement de Gabrielle Chanel se situe au deuxième étage de la maison qu'elle a fondée. Ici, pendant cinquante ans, elle a arpenté les marches crème gansées de cuir blanc. À sa demande, chaque jour, cette bordure de cuir devait être cirée au blanc d'Espagne pour être parfaitement immaculée.

La montée d'escalier est devenue mythique, puisqu'elle était le cadre de tous les défilés. Le long du mur, des miroirs défragmentés multiplient les angles de vue à l'envi. Ils permettaient surtout à Mademoiselle de voir sans être vue. Elle préférait rester en haut à surveiller, profiter de tous les reflets, avec une discrétion absolue. Elle s'asseyait, souvent sur la cinquième marche, son chiffre fétiche. Son chiffre porte-bonheur.

Cette montée d'escalier, d'une sobriété follement moderne, raconte à elle seule le style Art déco. Géométrique, blanc et noir, avec des jeux de miroirs. Impossible d'imaginer un instant que derrière l'une de ces glaces se cache le plus chaleureux des lieux de vie, où le bronze, le rouge, le noir et le marron se conjuguent dans une partition aussi parfaite qu'inattendue.

Dans cet appartement, il n'y a pas de chambre : Mademoiselle n'y dort jamais. Elle préfère aller au Ritz, l'un de ses nombreux subterfuges pour essayer de fuir la solitude qui la tyrannise. Elle ne dort donc pas rue Cambon, mais elle y vit.

Quand Mademoiselle arrive, la rumeur la précède. Les filles doivent mettre du rouge à lèvres et l'air se charge de N° 5. Ce parfum qui n'évoque pas les fleurs, mais bien une odeur de femme, comme elle l'a voulu. « Un parfum de femme à odeur de femme », disait-elle. Une femme à la séduction élégante et sûre d'elle. Une gageure dans les années 1920, où l'on ne jurait que par la rose ou la violette. L'audace paiera, cela deviendra le parfum le plus vendu au monde.

Après avoir gravi les marches, Mademoiselle pousse la porte. Dans l'entrée, un étonnant fauteuil, une bergère sublime recouverte de satin blanc, que l'on aperçoit dans les photos de Horst. Un jour, elle disparaîtra. Chanel l'a-t-elle offerte au photographe après une séance de pose ? C'est probable. Elle était ainsi : capable de tout donner pour un instant partagé ou de tout balayer par quelques mots acerbes dont elle avait le secret. Karl Lagerfeld a retrouvé la bergère dans une vente aux enchères à Monaco en 1988 et l'a finalement rapportée dans la maison.

À proximité de la bergère se trouve un somptueux miroir allemand du XVIIIe siècle dont la forme évoque à la fois le tracé de la place Vendôme et le dessin du bouchon du parfum N° 5. Encore lui.

Dans l'entrée toujours, cette chaise, si basse qu'elle pourrait sortir d'une église. Elle ne sert pas à la prière, c'est un outil de travail. Son meilleur soutien pour ces heures interminables à couper et couper encore les tenues. Si un peintre a des pinceaux, Gabrielle Chanel a des ciseaux et taille le tissu comme un sculpteur, directement sur le corps des mannequins. Elle aime d'ailleurs se comparer à Praxitèle.

L'entrée est tapissée de paravents de Coromandel. Une folie. Un luxe inouï qu'elle tient de son seul grand amour, Boy Capel. C'était avant les années 1920, avant que Gabrielle ne devienne mademoiselle Chanel. Il est anglais, d'origine plus ou moins certaine. Il est beau. Il est brillant. Il est séducteur. Ils sont follement amoureux et il sera à la fois son pygmalion, et celui qui croit en elle. Il lui met le pied à l'étrier pour cette incroyable aventure que sera la maison Chanel. C'est lui qui l'initie à la beauté de ces paravents de laque du XVIIIe siècle.

Crime de lèse-majesté, Chanel n'hésite pas à les couper pour les clouer au mur. Un geste aussi fou que découper des toiles de maîtres. Mais peu lui importe, ce qui compte c'est le style, son goût. Les Coromandel de l'entrée sont parsemés de camélias, la fleur fétiche de Mademoiselle. Une fleur qui n'a pas d'odeur, la fleur des dandys, incarnation de l'élégance qu'elle tisse au fil des ans. Le camélia est aussi un clin d'œil. Fleur emblématique des courtisanes, elle devient, avec Chanel, celle des femmes de la haute société.

C'est bien là toute la force de cette Mademoiselle qui, après avoir été une orpheline en uniforme, puis une femme entretenue, presque une demi-mondaine, réussit le tour de force d'inciter toutes les femmes de l'élite à s'habiller comme elle.

Un Maure vénitien indique le chemin pour arriver au salon. Et toute la vie intérieure de mademoiselle Chanel semble alors se dévoiler : ses croyances, ses amours, ses superstitions et ses obsessions.

À droite de la porte, de nombreux livres estampillés A. C., pour Arthur Capel, le fameux Boy.

Des ouvrages dont elle ne se séparera jamais. Il l'a initiée à bien des auteurs et des philosophies.

Sur son bureau, une tête de lion peinte dans un cadre doré. Née le 19 août, Mademoiselle aime s'entourer de l'effigie de l'animal, incarnation de la force. Le lion, son signe, son symbole, son caractère aussi. On le retrouve également sur les boutons du fameux tailleur.

Alors que le regard s'attarde, on remarque que ces lions côtoient de nombreux animaux. À côté de la cheminée, des biches en bronze, presque grandeur nature. Elles semblent nous scruter avec curiosité et sont prêtes à s'enfuir au moindre bruit. Sur une table, dont le plateau est un morceau de Coromandel, une petite cage d'oiseau de quelques centimètres. Une babiole décorative à trois sous qui inspirera Jean-Paul Goude des années plus tard : c'est cet objet qu'il prendra comme modèle pour y enfermer Vanessa, oiseau de Paradis et ambassadrice du parfum Coco. À côté, une main sculptée par Diego Giacometti. Il s'agit de la main gauche de Claude Delay, la dernière amie de Mademoiselle, le rempart contre sa solitude, celle qui l'accompagnera durant les dernières années et transmettra, dans la biographie *Chanel solitaire*[1], ses souvenirs de la créatrice.

Dans ce salon, la sobriété absolue du canapé en daim beige, qu'elle avait elle-même conçu,

1. Claude Delay, *Chanel solitaire*, Gallimard, 1983.

côtoie le rococo doré des cadres. Sur le sofa, qui reçut tout ce que Paris comptait alors de plus chic, on remarque des coussins matelassés, préludes à la création de son fameux sac à main, le 2.55. Chez Chanel, rien ne se perd, rien ne se crée, tout se transforme. Elle creuse peu à peu le sillon de son vocabulaire graphique et de son style couture.

Au pied de la cheminée, repose un bouquet de blé séché. Le blé, souvenir d'une enfance où elle aimait se promener avec son père, avant que sa mère ne meure, à trente-deux ans, de la tuberculose. Son père, colporteur, fera le choix de l'abandonner avec ses sœurs à l'orphelinat. Un père qu'elle idéalisera toute sa vie. Le blé raconte ses racines qu'elle n'a eu de cesse de réinventer. Son père ne l'avait pas abandonnée, il reviendrait, probablement après avoir fait fortune en Amérique. En attendant, le blé est là, immortel et bienveillant comme ces brins en bronze ou cet épi de blé peint, plus frais que nature.

C'est Salvador Dalí qui l'a réalisé pour elle. Il faisait partie de la cour d'artistes qu'elle aimait côtoyer. Chanel ne collectionnait pas l'art, mais elle était mécène. Les « pensions de la Grande Mademoiselle », comme disait Bernard Grasset. Probablement une manière définitive de sortir de sa condition et de toujours garder un certain pouvoir. Le pouvoir évite l'abandon, tout au moins l'espérait-elle.

Dans le salon, d'autres Coromandel ont gardé leur forme originelle de paravents. Leur mission ? Cacher les portes pour éviter que les visiteurs aient l'idée de partir. Mademoiselle ne supporte pas qu'on la quitte. Chaque au revoir est une fin. Un souvenir d'abandon encore une fois. Sa vie a été jalonnée de déchirements, de disparitions et de morts, et a créé chez elle une sensibilité à fleur de peau qui allait, avec les années, se draper d'amertume.

Sur la table, trois boîtes en vermeil, cadeaux de son amant le duc de Westminster. L'intérieur est en or. On raconte qu'il lui enseigne ainsi une leçon qu'elle n'oubliera jamais. Dans ses créations, l'envers vaut l'endroit et, bien souvent, le plus luxueux se doit d'être caché. Ici, tout est souvenir, symbole, rappel d'une philosophie ou d'une culture. Autant de points de repère et de sécurités qui semblent avoir été les échafaudages d'une vie intérieure plus chancelante qu'on aurait pu l'imaginer.

La pièce est éclairée par un lustre où se dissimulent des C entrelacés et son chiffre fétiche, le 5. Les pampilles sont en cristaux de roche, une matière qu'elle affectionne, qui la rassure, ainsi qu'en quartz et en améthyste.

À côté, dans son bureau, les murs sont cloutés des plus beaux Coromandel de l'appartement. Une fois la porte fermée, on se sent comme dans un écrin sécurisant où l'on retrouve une trace de son enfance : une sculpture de vierge en pierre dans le style du XVIe siècle qui évoque celle du couvent de l'orphelinat, l'un des regards bienveillants qui ont accompagné son enfance. Il était de pierre, certes, mais il avait au moins le mérite d'être là, immuable. Chanel est superstitieuse, on l'aura compris. Elle a besoin de se raccrocher aux signes dans la vie, de donner un sens à tous les événements qui s'enchaînent, coûte que coûte.

Retraversons le salon pour parvenir à la salle à manger. Au-dessus de la cheminée siège le buste d'un ecclésiastique. Qui est-il ? Mademoiselle aimait raconter qu'il venait de sa famille. Parfois, elle préférait dire que c'était un oncle de Boy. Inlassablement, elle réinventait son histoire. « Je suis un mensonge qui dit la vérité », disait-elle parfois. Une phrase qu'elle empruntait à Jean Cocteau, son ami. Toujours est-il qu'elle mangeait chaque jour sous ce regard de marbre. Toujours ces habitudes pour se sécuriser.

Le soir, elle repartait au Ritz. Et chaque jour, inlassablement, elle revenait travailler, grimper les marches, prendre sa chaise basse, ses ciseaux. Jusqu'à quatre-vingt-sept ans, jusqu'à son dernier souffle. Travailler pour continuer à avancer.

Travailler pour ne jamais être seule.

Travailler pour exister.

Maison Chanel
31, rue Cambon
75001 Paris

L'antre de Karl

Quand Karl Lagerfeld aime, on le sait, c'est en nombre. Il n'a pas un iPod, il en a 17. Il n'a pas une bibliothèque, il a des centaines de milliers de livres, au point qu'en 1999, il a eu l'idée d'ouvrir sa propre librairie. D'un chic absolu, il va sans dire, mais pas snob.

En effet, l'homme a réussi le pari de créer un lieu agréable, confortable et simple. La librairie s'appelle 7L. Comme ceux qui émaillent l'adresse : Lagerfeld, la librairie, rue de Lille. La boutique abrite une sélection de beaux livres, actuels et parfois plus anciens, étrangers, rares pour certains.

Ses thèmes de prédilection : photo, design, mode, décoration, tourisme, cuisine, mais aussi quelques romans qui ont attiré la curiosité de monsieur L. ou de ses vendeurs. C'est là aussi tout le secret du lieu : non content de présenter tous ses livres et de suggérer les ouvrages intéressants qu'il côtoie au quotidien, Lagerfeld a su choisir de véritables libraires pour l'accompagner dans cette aventure. Traduction : des gens sympathiques, passionnants, qui sauront toujours vous faire découvrir *le* livre que vous cherchiez sans le savoir.

On entre dans la librairie 7L par curiosité, on en ressort heureux. Avec un peu de chance, on peut même espérer voir passer la silhouette légendaire de Karl, car son studio photo est situé dans les coulisses du magasin.

Librairie 7L
7, rue de Lille
75007 Paris
Tél. : 01 42 92 03 58
www.librairie7l.com

2

Un voyage dans le temps au musée Carnavalet

3e arrondissement

Le musée Carnavalet est un musée incontournable de la capitale car il retrace son histoire. Étrangement, il reste assez méconnu des Parisiens eux-mêmes. Pourtant cette adresse offre la possibilité d'évoluer dans des décors intacts qui reflètent les différentes facettes de Paris au fil des siècles. Comme cette surprenante bijouterie Art nouveau, enclave de la Belle Époque.

Au départ, Carnavalet ressemble à n'importe quel musée, avec ses cimaises, ses tableaux, ses sculptures. Et puis soudain, au bout du couloir, une surprise. Une boutique entièrement recréée avec sa façade. Vous poussez la porte et vous entrez de plain-pied dans la Belle Époque.

Imaginez une bijouterie Art nouveau dans les moindres détails. Un pur chef-d'œuvre entièrement réalisé par le plus grand artiste de l'époque : Alfons Mucha. Son nom ne vous dit rien ? Pourtant, les femmes-fleurs de la Belle Époque, c'est lui. Plus que cela encore, avant de dire « style Art nouveau », on parlait de « style Mucha ». Car c'est bien lui qui en est à l'origine. Et d'une manière pour le moins inattendue.

Cette histoire commence à Paris en 1894. Mucha est alors un inconnu, un artiste tchèque ignoré, qui gagne sa vie en travaillant chez un imprimeur. Le destin lui tend les bras un soir d'hiver, juste avant Noël. La grande Sarah Bernhardt s'apprête à jouer *Gismonda* au théâtre de la Renaissance. Elle veut une affiche digne de ce nom. La demande en est faite à l'employeur de Mucha mais, en cette veille des fêtes de Noël, personne n'est disponible. En désespoir de cause, on demande donc à Mucha de travailler sur un projet.

Trop heureux, il y met tout son cœur et son savoir-faire. On ne le sait pas encore, mais il est en passe de réaliser la première affiche de style Art nouveau de l'histoire. L'imprimeur est horrifié par le résultat. Il n'a jamais vu ça : des couleurs franches, des mosaïques, des végétaux qui enlacent la grande Sarah. Un travail totalement hors sujet pour l'époque, mais il est trop tard pour recommencer, il faut l'envoyer tel quel.

Quelques heures plus tard, Alfons Mucha est convoqué au théâtre de la Renaissance. Évidemment refroidi par l'accueil de son employeur, il a l'impression de se rendre à l'échafaud. Il pénètre alors timidement dans la loge de la Divine. À l'instant où la comédienne le voit, elle s'élance vers lui en s'exclamant : « Merci monsieur Mucha, vous m'avez rendue immortelle. »

Visionnaire, Sarah Bernhardt a bien saisi le potentiel de ce style si novateur.

La mode est lancée. Les affiches prennent des couleurs, les femmes sont sublimées et la végétation devient luxuriante. L'engouement est aussi total que rapide.

Pour l'Exposition universelle de 1900, on propose à Mucha de décorer le pavillon de la Serbie. Il est aussi invité à présenter l'une de ses premières sculptures, *La Nature,* un buste qui personnifie l'une de ces femmes idéalisées dont il raffole. Plus de 50 millions de visiteurs viendront en quelques mois à l'Exposition universelle. Le succès phénoménal permet à l'artiste d'être connu du plus grand nombre. À l'issue de l'événement, sa cote est au firmament. Il reçoit la médaille d'argent de l'exposition et, quelques semaines plus tard, il est fait chevalier de la Légion d'honneur. Consécration suprême pour un artiste étranger.

Impressionné par cette notoriété fulgurante, Georges Fouquet, un bijoutier très à la mode à Paris, propose à Mucha de créer des bijoux avec lui. Là encore, son coup de crayon séduit. Alors, quand Georges Fouquet décide que sa boutique de la rue Royale a besoin d'un coup de jeune, il propose à Mucha d'en réaliser entièrement le décor. Du sol au plafond et dans les moindres détails.

Enthousiasmé par ce nouveau défi, l'artiste accepte avec joie et s'y attelle, travaillant d'arrache-pied. On dénombre plus de 80 dessins préparatoires, conservés aujourd'hui au musée

Carnavalet. Ils permettent de comprendre comment Mucha a exploré non seulement les différents aménagements possibles mais aussi une immense variété de motifs.

L'artiste pense d'abord habiller la boutique de femmes-fleurs comme il les aime, puis finalement, il se laisse porter par l'air du temps. En pleine révolution industrielle, la gente féminine raffole des broches en forme de libellule, des pendentifs papillons et autres colliers décorés d'insectes. Aussi, un écrin de verdure et de végétation s'impose. Nénuphars, pivoines, chrysanthèmes vont fleurir dans la boutique. L'influence japonisante qui plaisait tant à Van Gogh offre un parfum de merveilleux qui va naturellement séduire ces dames.

Pour Mucha, cette bijouterie reflète son âme, raconte son style au point qu'il songe même à y installer sa sculpture fétiche, *La Nature*, qu'il avait présentée à l'Exposition universelle. Il lui trouve une place de choix, juste à côté de l'entrée, où elle pourrait trôner telle une déesse païenne qui couvrirait les clientes d'un regard bienveillant. Mais le décor est déjà tellement riche que Mucha est obligé d'y renoncer.

En 1901, la réouverture de la boutique après rénovation est une attraction qui fascine le Tout-Paris. Les femmes de la Belle Époque virevoltent dans cette enclave chic et verdoyante. Et pendant deux décennies, l'œuvre de Mucha va assurer le succès du bijoutier.

En 1923, Alfons Mucha a quitté la France depuis bien longtemps. Il vit à Prague et connaît maintenant le succès dans son pays d'origine. À Paris, l'Art déco a détrôné l'Art nouveau, rebaptisé « style nouille ». Fouquet comprend que le décor de Mucha a fait son temps. Il décide de le démonter, mais refuse de s'en séparer et le stocke avec précaution dans un grenier.

Quelques années plus tard, en 1941, il réalise que le meilleur moyen de sauver cette magnifique composition est d'en faire don au musée Carnavalet, réputé pour savoir mettre en valeur des décors dans leur intégralité. C'est d'ailleurs le premier musée au monde, avant le Metropolitan Museum de New York ou le Victoria and Albert Museum de Londres, à avoir créé ce que l'on appelle des *period rooms*.

Même si, dans les années 1940, l'Art nouveau est le summum du mauvais goût, Mucha reste tout de même un nom célèbre et l'on décide de conserver la boutique en kit dans les réserves.

Un demi-siècle plus tard, au début des années 1990, le musée Carnavalet s'agrandit. La direction y voit une opportunité de réinstaller ce décor aussi unique qu'exceptionnel, symbole de l'apogée du talent d'Alfons Mucha. Mais remonter un décor ne s'improvise pas. Les broderies de soie ont perdu leur couleur. Il faut donc essayer de trouver sous les plinthes des petits bouts préservés par les atteintes de la lumière.

Ces échantillons vont permettre de tout retisser dans les tons que Mucha avait choisis.

Deux photos du 6, rue Royale s'avèrent être des témoins incontournables pour remonter les meubles dans les bonnes dispositions. Une étude attentive des clichés montre que le sol est en mosaïque, uni blanc avec des motifs de vagues. Un travail d'une extrême finesse que les artisans des années 1990 auront toutes les peines du monde à recréer.

Un détail, cependant, manque à l'appel : le bas de la cheminée. Il n'est plus là et n'est pas visible sur les photos. On décide donc de rechercher dans les dessins préparatoires. Mais il existe tellement de versions différentes que le conservateur en charge doit trancher. Son instinct lui a-t-il fait choisir le bon ?

Peu importe, l'ensemble est fascinant. La boutique est fraîche comme un jour de printemps de la Belle Époque. Certes les vitrines sont vides de leurs sublimes insectes scintillants, mais l'âme de l'artiste papillonne.

On s'attend naturellement à voir une belle femme-fleur sortir de l'arrière-boutique pour nous proposer d'essayer une parure… dessinée par Mucha, bien sûr !

Musée Carnavalet
23, rue de Sévigné
75003 Paris
Tél. : 01 44 59 58 58
www.carnavalet.paris.fr

Versailles avant Versailles

Autre trésor à ne pas rater au musée Carnavalet : le salon de l'abbé La Rivière, entièrement recréé. Les boiseries et les plafonds peints proviennent de son hôtel de la place Royale (actuelle place des Vosges) qu'il avait fait réaménager par l'architecte François Le Vau et le peintre Charles Le Brun en 1652.

Ce fut la première collaboration de Le Vau et Le Brun avant qu'ils ne bâtissent ensemble Vaux-le-Vicomte avec les déboires que l'on connaît : l'emprisonnement de Fouquet qui, par tant de beauté, avait humilié le Roi-Soleil, Louis XIV. Ce dernier a récupéré ensuite même équipe pour créer son chef-d'œuvre à Versailles.

N'est-il pas fascinant de savoir que, sans ce salon, il n'y aurait pas eu le plus célèbre château au monde ?

3

Victor Hugo, cet incroyable décorateur

4e arrondissement

Place des Vosges, la maison de Victor Hugo évoque le plus célèbre écrivain français. Sa visite est l'occasion de découvrir l'une de ses facettes méconnues : sa passion pour la décoration. L'homme aimait chiner, détourner des objets et même créer des meubles, avec un talent pour le moins surprenant.

Oui, l'homme était un écrivain de génie. C'était aussi un profond humaniste doté d'une conscience politique, incroyablement en avance sur son temps. Il fut l'un des rares à se prononcer contre la peine de mort, à revendiquer l'égalité homme-femme, à s'opposer au travail des enfants et à s'élever contre la colonisation de l'Algérie. Personnalité hors pair et ce, dès son plus jeune âge, il reçoit la Légion d'honneur à vingt-trois ans. Mais l'écrivain a fini par faire de l'ombre à l'homme, plus intime, à celui qui se passionnait pour tant d'autres choses que la plume.

Sur la place des Vosges, la maison de Victor Hugo nous permet de découvrir un véritable architecte d'intérieur qui délaisse son costume d'intellectuel pour dévoiler un artiste à l'imagination fertile et au bon sens résolument moderne.

L'appartement est une reconstitution car, si la famille y a vécu entre 1832 et 1848, le musée date de 1902. Entre-temps, le bâtiment avait été transformé en école. La disposition des pièces n'est, donc, plus tout à fait la même. Les décors proviennent de divers lieux de vie de l'auteur. Ici une pièce de Guernesey. Là, un salon de la maison de Juliette. À deux pas, la chambre du dernier appartement parisien de la famille Hugo. Une sorte d'éventail impressionniste qui nous raconte la vie et les passions de l'écrivain.

C'est au cours des dix-huit années d'exil que Victor Hugo laisse véritablement libre cours à son goût pour la décoration. À Guernesey, loin de l'agitation parisienne et de la vie mondaine, l'homme doit se trouver de nouvelles occupations. Hormis une activité sportive régulière, avec des bains de mer été comme hiver, il se découvre une vraie gourmandise pour la chine et les brocantes. Sans cesse en quête de mille trésors, il se plaît à accumuler les bric-à-brac. Peu lui importe la valeur, c'est l'âme de l'objet qui compte. Adèle, l'épouse, n'est guère enchantée par toutes ces acquisitions qui embarrassent leur demeure. Juliette Drouet, l'éternelle amante, est plus indulgente. Elle le suit d'ailleurs volontiers dans ses pérégrinations. Mieux, elle l'invite à décorer sa maison de Guernesey, située à quelques pas de celle des Hugo. Si près que les deux amants peuvent se faire signe quand chacun est chez soi.

Victor Hugo imagine pour sa bien-aimée un salon chinois, qu'il va créer de toutes pièces. Le décor est tellement incroyable qu'il sera rapatrié en France en 1902 pour être installé dans le futur musée. Riche, foisonnant, coloré, ce salon a de quoi dérouter le visiteur. On ne sait plus où poser les yeux tant il y a à voir et à observer.

Ces panneaux de bois sculptés sur fond vert sont parsemés de dessins naïfs dans l'esprit chinois. Ils sont accompagnés d'autres résolument plus modernes qui permettent de comprendre pourquoi, soixante-dix ans plus tard, Hugo allait devenir la coqueluche des surréalistes.

Commence alors une sorte de chasse au trésor tout au long des panneaux de bois décorés : la recherche des initiales de son auteur. En effet, Hugo s'est amusé à signer son œuvre de mille manières. Ainsi un « VH » majestueux couronne ce qui devait être un foyer de cheminée. À gauche, les initiales se dissimulent dans l'ombre d'un acrobate. Un peu plus loin, un ange tient une trompette où l'on décèle un J et un D, hommage discret à la maîtresse des lieux.

L'un des murs est recouvert d'assiettes en faïence ou en porcelaine chinées au fil du temps. Sur l'une des étagères, un bouddha à l'inspiration plus indienne veille à la sérénité des lieux. Plus loin, des sculptures de céramique bon marché lui tiennent compagnie. Le tout est accompagné de fauteuils chinois anciens.

Hugo n'a pas peur des mélanges de styles ; l'anecdotique côtoie le précieux et l'humour n'est finalement jamais bien loin. Comme ce personnage asiatique dessiné avec de longues moustaches, qui s'apprête à dévorer un énorme poisson. Au-dessus est écrit « Shu Zan ». Ce n'est ni plus ni moins qu'un hommage en clin d'œil à la cuisinière de Juliette : Suzanne.

Mais ce que Victor Hugo préfère, c'est l'ameublement néogothique très en vogue à l'époque, dont il apprécie les bois sombres et les sculptures. C'est ce que l'on découvre dans la pièce suivante, la salle à manger. Il achète des coffres en tout genre et les transforme. Parmi ses créations, un buffet qui semble classique de loin, mais qui est en réalité un coffre sur lequel Hugo a fixé un imposant tronc d'église et au-dessus duquel il a rajouté une commode. Les tiroirs qui trônent sur le sommet de l'édifice donnent une idée de la liberté de création de son concepteur.

« J'ai manqué ma vocation : j'étais né pour être décorateur », confie l'écrivain. Force est de constater qu'il n'est jamais à court d'idée. Comme cette astucieuse installation qui ferait pâlir d'envie les ingénieurs d'Ikea. Au mur, une planche de bois sculptée en relief. En son centre, un cadre plus petit qui sert de poignée. Lorsque l'on tire dessus, le dispositif se déplie pour révéler une table d'appoint dotée de jolies petites étagères. Simple et génial.

L'auteur imagine, dessine et fait travailler ensuite un ébéniste qui a pour mission de mettre ses idées en forme. Puis, Victor Hugo veille à rajouter sa patte, soit en peignant soit en utilisant la pyrogravure, technique qu'il affectionne particulièrement.

Son péché mignon reste incontestablement le détournement. Car si l'écriture a toujours été une discipline éminemment sérieuse, la décoration s'avère un formidable terrain de jeux et d'exploration. Ainsi cette table qui, à bien y regarder, n'est autre qu'une porte imposante à laquelle il a rajouté des pieds. La preuve ? Il a pris soin de laisser les gonds. Au-dessus, un chandelier fabriqué avec des bobines de fil.

Hugo aime également fabriquer des cadres comme ceux que l'on peut voir dans sa chambre. Encore une fois, il utilise la pyrogravure et la peinture pour mieux les personnaliser. Ils servent à valoriser des photos ou des dessins qu'il a lui-même réalisés. Car l'homme sait manier l'encre de Chine avec beaucoup de finesse.

Le musée possède des croquis, dont une tête de cheval qui n'est pas sans rappeler la vivacité de style d'un autre romantique : Géricault.

Baudelaire s'avoue fasciné par le talent de Hugo : « Je n'ai pas trouvé chez les exposants du Salon la magnifique imagination qui coule dans les dessins de Victor Hugo comme le mystère dans le ciel. Je parle de ses dessins à l'encre de Chine, car il est trop évident qu'en poésie, notre poète est le roi des paysagistes. »

Donc oui, Victor Hugo dessine. Des paysages, des animaux, des édifices, mais il aime aussi l'abstrait. Ainsi, il s'amuse à laisser tomber des gouttes d'encre sur des planches de bois, les fait rouler et le hasard de l'attraction terrestre finit l'œuvre. Il s'adonne également à la réalisation de décalcomanies plutôt artisanales. Pour cela, il trempe des dentelles dans son encrier et s'amuse à faire toutes sortes d'impressions.

Pendant ses dix-huit ans d'exil, Hugo sait se divertir, explorer de nouveaux champs d'expression. Mais il veille également à trouver des occupations pour son entourage. Sa femme prend la plume pour raconter son quotidien avec un génie. Le livre ne révèle pas un style aussi flamboyant que celui de son mari mais a le mérite de nous permettre de découvrir une certaine intimité.

L'un de ses fils s'attaque à la traduction de Shakespeare. L'autre s'essaie à l'une des plus formidables inventions de l'époque : la photo.

Victor Hugo est fasciné par la nouveauté, et déjà conscient du potentiel de l'image. Alors, pendant des heures, il prend la pose pour son fils. Parfois comme un homme politique, à d'autres occasions comme un héros romantique. Mais il se montre toujours sérieux et sa présence est palpable. Au-delà de l'intérêt de divertir son fils, c'est aussi une manière judicieuse pour se rappeler au bon souvenir de ses compatriotes restés au pays. Ainsi, chaque semaine, il envoie à diverses personnalités ses portraits accompagnés de quelques mots amicaux.

Le souvenir le plus émouvant de l'homme est probablement le bureau qui trône dans sa chambre et qu'il a également dessiné lui-même. Très haut, il ressemble à un imposant pupitre : Hugo a pris l'habitude d'écrire debout pour soulager ses douleurs de jambes liées à une mauvaise circulation du sang. Chaque jour, en exil, pendant plusieurs heures, il y travaille. D'abord le matin, puis l'après-midi. Un travail entrecoupé d'un bain de mer et bien souvent d'une visite chez Juliette.

La maison de Victor Hugo évoque également le retour de l'exil. L'homme est acclamé par la France. Il est considéré comme un dieu vivant, à tel point que la rue où il habite devient la première avenue Victor-Hugo.

Mais les dernières années sont sombres. Ses amours sont mortes. Trois de ses enfants aussi. Il ne reste que sa fille Adèle, internée en hôpital psychiatrique. Le génie semble porter le poids d'une vie de deuils et de souffrance, ainsi que le poids de l'histoire.

C'est alors qu'un tout jeune sculpteur immortalise l'homme, l'écrivain, le politicien dans un buste dont la position évoque immanquablement l'Atlas portant la Terre. Ce buste saisissant clôt le parcours de la maison de Victor Hugo. Son auteur s'appelle Auguste Rodin.

Maison de Victor Hugo
6, place des Vosges
75004 Paris
Tél. : 01 42 72 10 16
www.maisonsvictorhugo.paris.fr

La villa pompéienne

Contemporain de Victor Hugo, le prince Napoléon, surnommé « Plon-Plon », est un autre féru de décoration, mais dans un style bien différent. Avenue Montaigne, il imagine l'hôtel particulier le plus incroyable de toute la capitale : une villa pompéienne.

Plon-Plon est un homme résolument à part dans la famille Bonaparte. Il est de gauche, anticlérical et démocrate. Son visage poupin n'est pas sans rappeler celui de Napoléon Bonaparte, dont il est le neveu. Une ressemblance qu'il cultive avec fierté.

Au milieu du XIXe siècle, l'Antiquité est plus que jamais à la mode, et la France se passionne pour les fouilles de Pompéi.

Dès 1856, Plon-Plon décide de construire en plein cœur de Paris une réplique de la villa Diomède de Pompéi. Cette copie est bien plus qu'une tocade, c'est une déclaration d'amour, un autel à la gloire de mademoiselle Rachel, la comédienne la plus célèbre de son temps, dont le prince est fou amoureux.

• • •

Pour le projet, il fait appel à l'architecte Alfred Normand, grand prix de Rome, qui réalise un véritable travail scientifique et respecte en tout point le principe de l'architecture pompéienne. Seule concession à la modernité : des fenêtres et des cheminées. Malheureusement, Rachel décède de la tuberculose avant la fin du chantier. En dépit de l'immense chagrin du prince, l'inauguration est un événement qui réunit le Tout-Paris qui compte. Napoléon III et l'impératrice Eugénie font d'ailleurs le déplacement. Ils sont, dit-on, enchantés par la représentation du *Joueur de Flûte* d'Émile Augier, dont Gustave Boulanger a immortalisé quelques jours plus tôt les répétitions du spectacle. Cette toile est aujourd'hui conservée au château de Versailles.

La maison devient immédiatement le haut lieu de la jet-set intellectuelle de l'époque. Théophile Gautier est tellement impressionné par la beauté des lieux qu'il consacre un livre à la description de la villa. Il évoque l'atrium au sol de mosaïque, dans lequel on trouve une incroyable collection de bustes en marbre de Carrare représentant tous les membres de la famille Bonaparte, réalisés dans le plus pur style antique. Gautier décrit également les couleurs omniprésentes : le salon est rouge, la chambre du prince jaune sur fond carmin et le cabinet de toilette lilas. Les visiteurs sont émerveillés par les peintures de style pompéien que le prince a choisies, sans oublier quelques pièces modernes signées des plus grands artistes du moment, comme Ingres ou Gérôme.

Mais Plon-Plon refait sa vie. Sa nouvelle épouse, un brin austère, ne goûte pas les grandes fêtes de la villa et encore moins le souvenir de cette fameuse Rachel. Elle somme son époux de vendre.

Sans ses beaux esprits pour l'habiter, la villa pompéienne perd son âme. Elle sera finalement détruite en 1890. Heureusement, quelques photos de la villa sont aujourd'hui conservées à la BNF. On y découvre que l'atrium était doté d'une verrière et qu'il abritait en bonne place une impressionnante statue en pied de l'empereur Napoléon Ier. On devine aussi la grande finesse des fresques qui décorent les murs. Et surtout, on s'aperçoit qu'une pièce échappait au style pompéien : l'imposante bibliothèque du prince, qui avait pour vocation de flatter ses amis intellectuels.

Aujourd'hui, quelques rares vestiges de la villa existent encore. Les plans sont conservés à la Villa Médicis à Rome, des services de porcelaine de Sèvres sont visibles dans différents musées de France et l'une des peintures de Gérôme, que Plon-Plon aimait particulièrement, a été achetée par Lady Micheline Connery, l'épouse du célèbre acteur écossais.

Jadis au 18, avenue Montaigne, 75008 Paris.

4

Le musée d'Orsay, la nuit…

7e arrondissement

Il est 22h30, des pas résonnent dans l'ancienne gare d'Orsay. Ce sont ceux de Caroline Serré, une jolie jeune femme responsable de la sécurité. Depuis trois ans, elle passe ses nuits dans la cathédrale de l'impressionnisme. Au fil de ses déambulations, elle a tissé des liens particuliers avec certaines œuvres. Suivons-la pour une visite nocturne des plus intimes…

Un musée a une tout autre vie la nuit. Et des visiteurs d'un autre genre.

« Les gens pensent que c'est fermé après le départ du public et qu'il ne se passe plus rien, alors qu'en fait c'est tout le contraire. La nuit, nous recevons les retours des œuvres prêtées à des expositions, des entreprises extérieures interviennent pour le bon fonctionnement du bâtiment. Sans oublier les travaux. Tout ce qui pourrait déranger le visiteur se fait la nuit, et c'est parfois très vivant ! » explique Caroline.

Depuis que le musée d'Orsay a entamé sa mue, il y a en effet fort à faire. Guy Cogeval, le président, a souhaité transformer les lieux, réaliser un écrin à la hauteur des trésors qu'il abrite. Alors le musée bouge, évolue, se métamorphose. Les œuvres changent de place pendant que certaines parties sont réaménagées.

Caroline tient à commencer la visite par ce qu'elle considère comme la principale réussite de ces travaux : la galerie des impressionnistes. Direction le cinquième étage, où l'on tombe nez à nez avec l'imposante horloge à travers laquelle on voit Paris. Un coup d'œil unique.

« J'aime venir dans la galerie tranquillement, après 22 heures. Il n'existe pas de plus belle perspective. La ville est là devant nous, dans la quiétude de la nuit. La vue sur le Sacré-Cœur et l'Opéra est féerique. On dirait même que la basilique flotte au-dessus de la capitale. »

Repensée par l'architecte Jean-Michel Wilmotte, la galerie des impressionnistes se déroule devant nous. Un espace sombre aux murs gris ardoise desquels jaillissent les œuvres soulignées par un éclairage dernière génération. L'occasion de découvrir le *Bal du Moulin de la Galette* de Renoir ou les *Coquelicots* de Monet avec une multitude de détails que l'on n'aurait jamais remarqués auparavant.

L'une des peintures que Caroline préfère, ce sont *Les Raboteurs de parquet*, de Gustave Caillebotte. Le plancher sur lequel les ouvriers s'échinent semble être la continuité de celui du musée. Une mise en scène simple mais incroyablement réussie.

À l'époque de sa présentation, en 1875, le tableau fait scandale. Car si l'on est habitué à voir les travailleurs des champs, il paraît assez incongru de présenter des ouvriers de la ville. Ce n'est pas quelque chose que l'on montre, encore moins que l'on valorise. Gustave Caillebotte n'a pourtant aucune démarche politique, il s'intéresse simplement à la beauté du geste. En observant cette scène si réaliste, on sent combien ces trois ouvriers peinent dans leur travail et pourtant, paradoxalement, l'œuvre dégage une vraie sérénité.

Un peu plus loin, un visage attend sagement Caroline, comme tendu vers elle. C'est celui de la petite danseuse de quatorze ans réalisé par Degas. Après la restauration de son tutu, elle vient de retrouver sa place. Une sculpture fascinante que l'artiste présente à l'exposition impressionniste de 1881. À ce moment-là, il s'agit d'une première version en cire. La jeune fille est dotée de vrais cheveux, de véritables chaussons et d'un tutu en tulle. L'artiste l'a installée dans une vitrine de verre comme un spécimen de muséum. Une démarche hyperréaliste qui met les visiteurs de l'époque mal à l'aise. Est-ce de l'art ou de l'anthropologie ? Aujourd'hui, celle que l'on voit dans la galerie des impressionnistes est plus tardive. Réalisée en bronze, elle reste touchante de vérité et d'humanité.

Dans cette enclave impressionniste, Guy Cogeval a eu l'idée audacieuse d'ajouter des œuvres d'art contemporaines. On les appelle les *Water Block*. Des bancs représentant des glaçons dont l'intérieur serait encore liquide. L'effet est surprenant. Le toucher froid, presque humide. L'artiste japonais Tokujin Yoshioka l'a obtenu en travaillant du verre optique utilisé pour les longues-vues. Une gageure technique, artistique et même financière. Chaque jour, des centaines de visiteurs s'y installent, en toute candeur, sans imaginer un seul instant que ces œuvres d'art valent autant que certains tableaux qui les entourent.

Passons maintenant côté coulisses.

« Il y a un endroit bien particulier, où chaque fois que je fais ma ronde, je prends conscience de ma position extrêmement privilégiée. C'est ce que l'on appelle la double peau, confie Caroline. Un lieu situé entre le plafond et le toit de la nef centrale, et où l'on peut aisément se déplacer. »

Cette immense galerie abrite un enchevêtrement de structures de style Eiffel. Si l'architecte de la gare a imaginé cette fameuse double peau, c'est pour assurer une isolation climatique sur l'ensemble du bâtiment. Afin de mesurer son ampleur, il faut savoir qu'Orsay ce sont 12 000 tonnes de structures métalliques et pas moins de 35 000 m^2 de verrières et de parois vitrées.

Pour les entretenir, on fait régulièrement appel à des alpinistes qui viennent, dans cette fameuse double peau, suspendus à des lignes de vie, aspirer la poussière qui ne manque pas de s'amasser. C'est un travail de titan car la nef mesure 138 mètres de long et 40 mètres de large. Une véritable cathédrale de la révolution industrielle.

« À part le personnel technique, personne ne vient ici. J'aime beaucoup longer la structure métallique, elle est tellement belle. Ici, j'apprécie le calme et la sérénité qui règnent. Je m'y sens bien. Même si l'hiver, il fait plutôt frais et que l'été, la température peut vite monter à 50 degrés. »

Caroline a travaillé dans plusieurs musées auparavant, mais elle reconnaît qu'à Orsay l'atmosphère est un peu plus douce qu'ailleurs. Rassurante même. Pas de mauvaises ondes qui planent comme parfois il peut en jaillir la nuit dans certains musées à l'histoire tourmentée. « C'est facile de se sentir ici chez soi. Et comme j'y passe dix nuits par mois, j'ai tendance à voir le musée comme ma seconde maison. Alors évidemment, certains endroits sont devenus mon espace de rêverie, de liberté. Comme si, la nuit, ils étaient mon jardin secret à moi. »

Pas une nuit sans que Caroline ne s'arrête un peu plus longuement dans la salle de l'orientalisme, au rez-de-chaussée. Ici des peintures de Gustave Guillaumet racontent de manière extrêmement réaliste le désert, les camps bédouins, les mirages, la chaleur.

« Je n'aime pas les paysages cloisonnés. Alors, là, je peux respirer. Ces peintures sont puissantes car elles soulignent de manière incontestable la supériorité et la force de la nature. Cela m'évoque inévitablement mes voyages au Moyen-Orient. J'ai presque l'impression de partir à nouveau. »

Caroline est une voyageuse, mais aussi une étudiante insatiable. En travaillant la nuit, comme bien des agents, elle a le temps de développer une autre vie en parallèle, riche d'activités. Diplômée en archéologie, en route pour un master d'histoire en spécialité recherche, Caroline a étudié l'arabe aux Langues orientales. Elle s'apprête à rédiger un mémoire sur *L'État de la recherche archéologique sur la période préislamique en Arabie saoudite.* « Un projet qui m'enthousiasme à 200 %. C'est tout l'avantage de cette vie : je peux continuer à bouillonner, travailler, apprendre, découvrir dans ma vie personnelle. Je ne pourrais pas vivre avec des horaires habituels, métro, boulot, dodo. »

Elle le sait d'autant plus que dans une autre vie, elle a tenté se soumettre aux horaires classiques au sein d'un grand musée. Elle a vite compris qu'elle allait dépérir. Éprise de liberté, elle part explorer le monde deux fois par an avec son sac à dos et son appareil photo. La dernière fois, elle a remonté le fil du Mékong, et bientôt elle partira découvrir Abidjan.

Aventurière, Caroline est une curieuse invétérée plus facilement séduite par le Gauguin des îles exotiques que par celui de Pont-Aven. « J'aime tellement ses peintures de Tahiti et ses sculptures ! Ici, on voit les bas-reliefs en bois qu'il avait sur sa maison. » De somptueux panneaux de bois exotiques finement ciselés. On découvre également des cannes qu'il a travaillées avec délicatesse et acharnement. Il n'a jamais appris la sculpture. Il s'essaie. Il explore.

La plupart de ses œuvres sont confiées en 1901 à George-Daniel de Monfreid, un ami peintre à qui il écrit qu'« à propos de sculptures, je voudrais que l'œuvre, très minime en somme, ne soit pas disséminée et n'aille pas chez des gens qui ne l'aimeraient pas ; et cela me ferait grand plaisir si vous acceptiez – ce n'est pas un cadeau mais un gage d'amitié – toute la sculpture en bois de Tahiti ». Quelques années plus tard, ces sculptures fascinent tous les artistes en quête de nouveautés, dont un certain Matisse.

Mais le rapport que Caroline a tissé avec Gauguin est beaucoup plus intime.

« J'ai lu un livre de Mario Vargas Llosa, *Le Paradis – Un peu plus loin*. Il y raconte le destin de Paul Gauguin et celui de sa grand-mère, une femme exceptionnelle qui, la première, a essayé de fédérer les ouvriers pour qu'ils aient de meilleures conditions de travail. Elle a arpenté la France, tenté de convaincre. Elle a mis une énergie folle et cela s'est mal terminé pour elle. Elle a fini seule et ruinée. Je viens très souvent voir Gauguin et je pense à cette femme avant-gardiste à sa manière. J'ai autant d'admiration pour elle que pour son talent à lui. Alors quand je viens ici, c'est à eux deux que je rends hommage à ma manière. »

Quelques pas plus loin, des peintures de Vincent Van Gogh. Caroline ne manque jamais de s'arrêter devant sa *Nuit étoilée*. « Je suis fascinée par la lumière qui se dégage des étoiles. Ces faisceaux de lumière sont intenses, ils parviennent jusqu'à nous. Je suis émerveillée par la vie qui émane de ce tableau. » Caroline reste alors silencieuse devant cette œuvre qui semble, une fois de plus, lui raconter une nouvelle histoire.

L'horloge de l'ancienne gare affiche minuit. Avec ses huit mètres de diamètre, elle est le principal témoin d'une époque où les voyageurs se bousculaient pour prendre leur train.

« L'atmosphère pourrait être polluée par le souvenir de cette vie de gare hyperactive. Mais miraculeusement, c'est incroyablement calme. Comme si les nouveaux travaux avaient permis d'effacer tout ce passé pour ne laisser place qu'aux histoires que nous murmurent les chefs-d'œuvre », confie Caroline avant de repartir, torche à la main, explorer les autres étages.

Musée d'Orsay
1, rue de la Légion d'honneur
75007 Paris
Tél. : 01 40 49 48 14
www.musee-orsay.fr

5

Deyrolle,
deux cents ans de curiosité
7e arrondissement

Au 46, rue du Bac, une arche de Noé éternelle vous attend. C'est un lieu unique au monde, où le rêve côtoie la science. L'histoire se tourne vers le futur et le voyage se fait immobile. Bienvenue chez Deyrolle, un cabinet de curiosités miraculeusement sauvé par un prince, un vrai. Plutôt charmant d'ailleurs et dont la devise est « Préserver, comprendre, regarder et écouter pour transmettre ».

Louis-Albert de Broglie[1] est donc un prince, issu d'une famille illustre où l'on croise des ministres, des écrivains, des académiciens et même un prix Nobel de chimie. Louis-Albert est surnommé « le prince jardinier ». L'homme est passionné par la biodiversité sous toutes ses formes au point d'avoir créé, dans son château, un conservatoire de la tomate. Il y a quelques années, il a également fondé une

---

1. Prononcer « de Breuil ».

marque d'outils de jardinage et de mobilier de jardin, Le Prince jardinier, qui célèbre un art de vivre à la française. Des objets de grande qualité car Louis-Albert aime l'idée de transmettre aux générations futures. Et c'est avec ce souci de la transmission que le prince a décidé de sauver la maison Deyrolle en 2001.

Il suffit d'entrer dans cette boutique du 46, rue du Bac pour ne plus jamais l'oublier. C'est un enchantement, un décor irréel qui réveille instantanément l'enfant qui somnolait en vous. Ici, un ours polaire naturalisé. Là, un girafon. À deux pas, un lion prêt à vous croquer. Des buffles. Des oiseaux multicolores. Des gazelles. Le cheval légendaire de la maison qui, il y a quelques années encore, alpaguait le passant dans la rue.

« C'est un vrai celui-là aussi ? » demande le petit garçon en tirant sur la manche de sa maman. « Ouiiii, c'est aussi un vrai. Mais il est mort. Je ne vais pas te le dire à chaque fois. Ce sont tous des vrais, mais ils sont tous morts. »

Attention, a-t-on envie d'ajouter : ils n'ont pas été tués afin d'être empaillés et exposés là. À quelques exceptions près, ils viennent de cirques, d'élevages, de zoos ou du bout du monde. Ils sont morts de mort naturelle. Et les meilleurs taxidermistes leur ont ensuite offert la vie éternelle.

À chaque instant, on a l'impression de les voir bouger du coin de l'œil. Les enfants s'amusent à se faire peur. Les adultes réalisent leur rêve d'enfance : s'approcher au plus près d'un félin. Ici c'est comme au musée, une étonnante proximité en plus.

La maison Deyrolle voit le jour en 1831. La vocation est dès l'origine pédagogique : apporter la possibilité d'observer, de découvrir, d'apprendre sur tout ce que l'on ne peut pas forcément étudier facilement dans la nature. La famille Deyrolle est passionnée d'entomologie. Elle propose toutes sortes d'insectes à la vente, mais aussi du matériel de chasse pour démarrer sa propre collection. En parallèle, elle développe une activité de taxidermiste.

Les années 1860 voient l'engouement pour les sciences naturelles prendre tout son essor, et les collectionneurs sont sans cesse plus nombreux à découvrir ce cabinet de curiosités unique en son genre. Soucieuse d'offrir un panel riche et varié, la maison se dote d'une centaine de correspondants à travers le monde, qui lui permettent de réunir des animaux, des insectes, des squelettes et des fossiles tout à fait exceptionnels.

Émile Deyrolle, troisième génération aux commandes, a pour habitude de dire : « L'éducation par les yeux est celle qui fatigue le moins l'intelligence, mais cette éducation ne peut avoir de bons résultats que si les idées qui se gravent dans l'esprit de l'enfant sont d'une rigoureuse exactitude. »

Les planches didactiques de grande qualité publiées par Deyrolle deviennent l'outil favori des maîtres d'école en France. Ces publications seront ensuite traduites en espagnol, en portugais, en arabe. Deyrolle sera présent dans près de cent vingt pays. Les étudiants se bousculent à la boutique, ainsi que les chasseurs qui veulent voir leur trophée momifié à jamais. Les artistes y trouvent également, depuis les débuts, une source d'inspiration. Parmi les habitués, on retiendra entre autres Breton, Dalí, Dubuffet.

Dans les années 1970, la famille Deyrolle passe le relais. Les nouveaux propriétaires laissent la maison s'endormir. Les animaux naturalisés sont passés de mode et n'intéressent que quelques chasseurs ou collectionneurs âgés.

Quand le prince de Broglie prend les commandes en 2001, la marque est moribonde. Mais l'homme y voit une promesse d'avenir. « Aujourd'hui, le luxe, le vrai, c'est le temps de l'observation. Je pense que notre société ne pourra accéder à une certaine sérénité que si elle veille à sauvegarder l'équilibre naturel qui nous entoure », aime-t-il rappeler. Avec ce cabinet de curiosités exceptionnel, il sent bien qu'il a un outil idéal pour cela.

Première étape, il dépoussière le lieu, puis relance l'édition des planches avec Michel Lafon et Gallimard. Les lecteurs sont au rendez-vous, bien trop heureux de retrouver l'imagerie de leur enfance. Mais alors que le succès semble asseoir la pérennité de la maison, le destin va lui faire un vilain croc-en-jambe.

En 2008, un court-circuit provoque un incendie qui fait disparaître 90 % des collections. Le sinistre est tel que l'on craint pour la structure même du bâtiment. « Je ne pouvais pas me permettre de m'apitoyer, j'ai donc repris les choses en main et j'ai fait face à l'adversité », reconnaît Louis-Albert de Broglie. Sans imaginer un instant que le Tout-Paris allait se mobiliser instantanément. La maison Deyrolle fait partie de l'inconscient collectif et pas un seul Parisien, quel que soit son âge, n'aurait souhaité la voir disparaître. Alors pendant deux mois, ils sont venus par centaines écrire leur soutien sur le livre d'or.

Pour l'occasion, les éditions Gallimard ont publié un livre intitulé *Deyrolle pour l'avenir*. La maison Hermès a réédité le carré *Plumes* d'Henri de Linarès, vendu par souscription spéciale. Une soixantaine d'artistes, comme Sophie Calle, Jan Fabre ou Nan Goldin, se sont mobilisés et leurs œuvres ont été vendues lors d'une vente aux enchères organisée par Christie's. Finalement, tout le monde a voulu apporter sa pierre pour remettre le cabinet de curiosités sur pied.

Aujourd'hui, six ans plus tard, le lieu est plus beau que jamais. Les lions, les ours polaires, le fossile de défense de mammouth, les tableaux de papillons merveilleux sont là comme s'il ne s'était rien passé. Le prince a réussi à remettre à flot « ce patrimoine national de l'imaginaire », comme il aime l'appeler.

« Un temple de l'observation pour comprendre, apprendre, préserver et transmettre. Et c'est fondamental, car aujourd'hui ceux qui ne connaissent plus le rapport à la terre sont ceux qui sont le plus perdus. »

Pour Louis-Albert de Broglie, Deyrolle doit être une plateforme de formation et d'apprentissage. Le prince jardinier souhaite continuer à combiner l'ADN historique avec les moyens de communication d'aujourd'hui pour transmettre le savoir au plus grand nombre. Et ainsi montrer aux enfants à travers le monde que l'imagination de la nature est pour ainsi dire sans limites.

Et si ces petites têtes blondes passent par le 46 rue du Bac, elles découvriront un monde merveilleux où les cacatoès ne s'envolent pas, les gazelles ne s'échappent pas et où les ours ne donnent pas de coups de patte. Un de ces endroits où l'on rêverait de passer une nuit, en secret, à compter les papillons multicolores.

Deyrolle
46, rue du Bac
75007 Paris
01 42 22 30 07
http://www.deyrolle.com/

Entretien avec Louis-Albert de Broglie

Katia Chapoutier : Que représente Deyrolle pour vous ?
Louis-Albert de Broglie : Tout simplement le « temple » de l'observation, cet ADN entretenu depuis près de deux cents ans qui fait de l'émerveillement du regard que nous portons sur l'évolution le garant d'une attitude respectueuse pour tous les ordres de la nature.

K. C. : Quel y est votre meilleur souvenir ?
L.-A. de B. : Probablement, quelques mois après l'acquisition de cette maison en 2001, la découverte des archives exceptionnelles, notamment des catalogues où se mêlaient depuis la fin du XIXe siècle l'ensemble des champs d'expérimentation de Deyrolle, la zoologie, la botanique, la chimie, la physique, l'instruction publique, le corps humain, la minéralogie, la paléontologie. J'ai alors compris la dimension pédagogique de ce langage universel qui devait renaître par de nouvelles collections et qui nous a montré la voie.

K. C. : Quelle y a été votre rencontre la plus insolite ?
L.-A. de B. : Monsieur le Feu qui a voulu tout croqué dans la nuit du 1er février 2008, mais qui a transcendé cette maison et donné une troisième vie à cette arche biblique, nous enseignant encore un peu plus la résilience et démontrant l'empathie d'un public si large pour cette noble institution. Merci, monsieur le Feu, mais ne revenez jamais !

K. C. : Quelle place Deyrolle tient-il dans votre vie aujourd'hui ?
L.-A. de B. : Une place importante, car Deyrolle croise les sciences de la vie en les élevant à l'art,

• • •

redonnant à la nature les symboles essentiels à la compréhension des équilibres naturels. Deyrolle nourrit l'esprit en donnant du sens à un mode de pensée trop arrimé à la consommation.

6

L'Âge mûr ou l'âge de la rupture au musée Rodin

7e arrondissement

Au musée Rodin, une sculpture de Camille Claudel cristallise toute la souffrance de sa relation avec le maître. Il s'agit de *L'Âge mûr*, où l'on voit l'homme emporté par sa vieille maîtresse et délaissant Camille Claudel, à genoux, suppliante. Rodin a détesté cette œuvre, bien trop intime à son goût. Aujourd'hui pourtant, c'est dans son musée à lui qu'elle s'offre au regard de tous.

Quand Rodin commence à devenir célèbre, il flirte déjà avec la quarantaine. Auparavant, il a, comme on dirait aujourd'hui, « galéré ». Et pour cause, la sculpture est un art qui coûte cher et qui nécessite de la main-d'œuvre. Sans argent, comment faire ?

Heureusement, Rodin n'est pas seul. Il y a Rose Beuret. Rose si vaillante. Rose si prévenante. Rose si travailleuse. Ancienne blanchisseuse, elle a quitté son emploi pour aider cet homme qu'elle aime. Ils auront même un fils, Auguste. Rose s'occupe de l'intendance. Rose gère les questions matérielles. Rose sert d'ouvrière, d'assistante et même parfois de modèle. Alors bien sûr, Rose n'est pas d'une sensualité folle. Avec le temps, le désir s'émousse. Mais peu importe, Rodin n'en a cure. Toute son âme, son esprit, son corps sont tournés vers la sculpture.

En même temps que la reconnaissance, Rodin a aussi découvert le parfum du scandale et le mauvais esprit. Sa première œuvre célèbre, *L'Âge d'airain,* est tellement époustouflante de réalité qu'on le soupçonne de l'avoir moulée sur le modèle. Vexé, blessé, Rodin ne produira plus aucune sculpture grandeur nature, pour éviter ces suspicions. Mais cet *Âge d'airain* a le mérite de déclencher les commandes de l'État.

Il a alors plus de moyens et peut se permettre de s'offrir la main-d'œuvre dont il a besoin. Le sculpteur Alfred Boucher lui recommande une jeune fille de vingt ans qui a déjà fait ses preuves. Camille Claudel. Elle est belle. Son regard est puissant, presque dérangeant. Elle est dotée d'un caractère bien trempé qui a le mérite de détourner l'attention de cette claudication qui la handicape un peu.

Vingt-quatre ans séparent les deux artistes, mais une passion commune pour la sculpture les unit, les réunit. Rodin a trouvé son alter ego. Celle qui parle la même langue que lui. Et Camille voit en lui l'artiste qu'elle rêverait d'être : talentueux, aventureux, moderne, passionné. Ils travaillent, ils échangent.

Tour à tour élève, assistante, modèle, elle devient finalement sa muse et son amante. Et pour Rodin, la vie prend une dimension nouvelle. Pour la première fois, il a l'impression de découvrir l'ivresse de la chair, de la sensualité. Comme si, enfin, il comprenait que son corps n'est pas seulement une machine à travailler. Sa créativité en est profondément influencée. C'est d'ailleurs ainsi qu'il commence à faire ses premiers dessins érotiques. Camille a ouvert la boîte de Pandore et elle a tout pour le garder fou amoureux. Elle est talentueuse et apprend vite. Elle travaille sans relâche. Elle l'inspire mais lui donne aussi son avis. Il sculpte son visage. Elle réalise son buste. Une œuvre si juste qu'il en fera son portrait officiel.

Camille profite aussi de l'infrastructure de l'atelier. Elle peut ainsi, de plus en plus souvent, utiliser les modèles, les matériaux, les assistants pour travailler à ses propres créations. Une chance inouïe dont elle ne mesure pas la portée. Comme un jeune étudiant qui accéderait directement à un poste de direction sans passer par les affres de l'échelle hiérarchique.

La presse parle d'elle. Alors bien sûr, le nom de Rodin n'est jamais bien loin. Mais elle est reconnue à son tour. Tout serait parfait s'il n'y avait Rose. Car Camille aimerait se marier.

Rodin l'aime comme jamais il n'a aimé et probablement comme il n'aimera jamais à nouveau, mais il se doit de rester loyal envers Rose. Que deviendrait-elle sans lui ? Elle n'a pas de travail, pas d'autre vie possible. Elle est tellement dévouée et déjà trop fatiguée par la vie pour redevenir blanchisseuse. Et maintenant qu'il peut lui offrir une vie acceptable après toutes ces années difficiles, ce n'est pas le moment de la mettre dehors.

Mais Camille est orgueilleuse. Elle veut tout : la célébrité, la reconnaissance et son propre style. Elle veut son artiste pour elle seule. Et peut-être aussi l'aime-t-elle un peu moins qu'il ne l'aime. Elle songe à s'affranchir de lui. Avoir son atelier rien qu'à elle. Prendre ses distances. S'il veut garder Rose, eh bien, qu'il reste avec elle ! Comme un enfant un peu trop gâté par le destin, Camille ne réalise pas ce qu'elle va perdre en quittant le confort de l'atelier de Rodin.

Volontaire, tumultueuse, capricieuse, elle prend donc son envol et s'installe dans un petit atelier. La sculpture prend de la place, la sculpture est salissante, la sculpture est chère. Elle n'a plus personne pour l'aider. Elle est obligée d'utiliser ses maigres économies pour rémunérer un assistant de temps à autre. Sans commande de l'État, elle doit trouver des clients par elle-même. Cependant, la nécessité de créer est plus forte que les entraves. Elle commence à réfléchir « à un groupe de trois », écrit-elle dans une lettre à Paul, son frère. Une sculpture qui raconte l'histoire d'un homme partagé entre deux femmes. C'est bien la spécificité de Camille, ce besoin de raconter des histoires à travers ses œuvres. Bien souvent, elle puise l'inspiration dans sa propre vie.

Le musée Rodin conserve une première version en plâtre de ce groupe de trois. On y voit l'homme au centre. Les bras imposants. L'un tendu vers Camille dans la fleur de l'âge, l'autre vers Rose, représentée sous les traits d'une vieille femme vilaine et terrifiante. L'homme hésite. Entre la jeunesse et l'âge. Entre la vie et la mort. Entre la beauté et la décrépitude. Tout est possible. Dans cette première version de *L'Âge mûr*, Camille croit encore qu'elle va remporter la partie. Rodin semble prêt à quitter la vieille Rose pour la jolie jeune fille.

Même si, dans son for intérieur, Camille croit très probablement à cette histoire avec Auguste, paradoxalement, elle fait savoir à Paul qu'elle veut se désolidariser du maître. Qu'on arrête de dire qu'elle fait du Rodin. Oui, elle a appris avec lui mais elle a son propre style, son talent bien à elle. Et Rodin confirme : « Je lui ai montré où trouver de l'or, mais l'or qu'elle trouve est bien à elle. »

On parle d'elle dans les journaux en termes élogieux. Même si on la rattache toujours à Rodin. Elle vend quelques œuvres. Mais la véritable reconnaissance pour un sculpteur, c'est une commande de l'État. Camille croit beaucoup à sa sculpture du groupe de trois, et elle espère qu'il lui permettra de passer à l'étape supérieure : voir l'une de ses œuvres entrer dans un musée français.

Rodin la voit bien moins souvent mais fait ce qu'il peut pour l'aider. Il suggère aux Beaux-Arts de s'intéresser de plus près aux sculptures de mademoiselle Claudel. Un inspecteur lui rend visite à son atelier et effectivement, le groupe des trois l'interpelle. Il en fait un rapport élogieux. Oui, l'État pourrait s'engager et on va d'ailleurs lui verser une avance. C'est donc en bonne voie. Les relations de Camille avec Rodin se limitent à quelques courriers. On sent dans ses écrits de l'inquiétude, une certaine paranoïa envers le maître.

Elle réalise une nouvelle version du groupe des trois qui reflète la distance qui s'est instaurée entre les deux amants. On y découvre l'homme emporté par la vieille femme alors que Camille, détachée de lui, le supplie à genoux. Une œuvre qui fera dire un demi-siècle plus tard à Paul Claudel : « Cette jeune fille nue, c'est ma sœur ! Ma sœur Camille. Implorante, humiliée, à genoux et nue ! Tout est fini ! [...] Et savez-vous ce qui s'arrache à elle, en ce moment même, sous vos yeux, c'est son âme ! C'est tout à la fois l'âme, le génie, la raison, la beauté, la vie, le nom lui-même. »

En 1899, la sculpture est exposée au salon des Beaux-Arts. Rodin découvre l'œuvre pour la première fois. L'aspect autobiographique le frappe comme une gifle en plein visage. L'homme est devenu une figure incontournable de son temps. Il est de tous les événements, de toutes les mondanités. Et il ne tient sûrement pas à ce que son triangle amoureux avec Rose et Camille soit exposé à la vue de tous.

De son côté, fragilisée psychiquement, Camille est de plus en plus difficile, imprévisible. Elle fait des esclandres. Elle s'enferme dans un monde à elle, tissé d'angoisses, de peurs et de fantasmes paranoïaques. Elle est persuadée que son ancien amant lui veut du mal et qu'en douce il tire les ficelles de sa vie.

Rodin a déjà assez connu le scandale avec l'histoire de *L'Âge d'airain*. Il a besoin d'une certaine discrétion pour pouvoir créer le plus librement possible. Alors, pour éviter tout problème, rumeur ou désagrément, il prend les mesures qui s'imposent. Et tout porte à croire qu'il intercède auprès des Beaux-Arts afin que cette commande de l'État tourne court.

Quelque temps après l'exposition, la commande est en effet annulée. Les archives des Beaux-Arts ne fournissent aucune explication, mais les spécialistes de l'histoire de l'art ne peuvent s'empêcher d'y voir la main invisible de Rodin. L'absence de justification de l'annulation semble l'accuser, alors même que les Beaux-Arts ont consigné toutes les informations concernant les visites préliminaires, le projet de commande, les différents courriers. Tout semble suivre un processus normal et régulier. Et soudain, sans raison apparente, la commande est simplement annulée.

Un nouveau siècle s'annonce et les espoirs de Camille sont anéantis. Elle se bat pour cette commande mais elle bute contre un mur : l'indifférence de l'administration. Elle est dans une situation plus précaire que jamais. Financièrement et psychiquement. Son frère, un des seuls en qui elle ait confiance, a commencé sa carrière diplomatique. Il voyage, il est reconnu comme diplomate et écrivain. Cette sœur provocante, imprévisible, incompréhensible devient pour le moins embarrassante.

Durant la décennie qui suit, Camille s'enfonce un peu plus chaque jour dans le désespoir et la paranoïa. Elle crée des œuvres aussi éloignées que possible du style de Rodin et s'inquiète inlassablement du sort de son *Âge mûr*.

En 1913, son père, probablement son seul véritable allié, meurt. Pour le reste de la famille, c'est l'occasion de régler le problème de Camille, en proie à ses démons. On lui cache le décès de son père et, quelques jours plus tard, elle est internée de force. Un ami de Paul Claudel, Philippe Berthelot, diplomate lui aussi, participe au conseil de famille. Paul lui demande de prendre en charge le contenu de l'atelier de Camille. Pendant que Camille est à l'asile, ce Berthelot va probablement enlever le dernier plâtre de *L'Âge mûr* pour en faire une version en bronze.

Pendant son internement, Camille cesse de sculpter. Elle écrit de nombreuses lettres dans lesquelles elle tient Rodin pour responsable de tous ses malheurs. Sans imaginer un instant que, régulièrement, il envoie un peu d'argent pour améliorer son quotidien.

Le monde oublie Camille Claudel. À tel point que pendant des décennies, les dictionnaires la diront décédée dans les années 1920. En réalité, elle meurt de faim pendant la Seconde Guerre mondiale. Paul ne sera venu qu'une petite dizaine de fois en trente ans. Il ne prend pas la peine de récupérer sa dépouille. Camille est enterrée à la fosse commune.

Quand Berthelot décède, sa veuve transmet *L'Âge mûr* à Paul. On ne sait pas quelle relation celui-ci entretenait avec l'œuvre, mais il la fait revenir sur le devant de la scène quelques années plus tard. Est-ce du remords ? Une tentative de s'acheter une bonne conscience ? Toujours est-il qu'en 1951, Paul Claudel approche le musée Rodin pour lui proposer une exposition Camille Claudel. La démarche a de quoi surprendre car l'écrivain voue une haine farouche au sculpteur. Pour lui, Rodin est entièrement responsable de la déchéance de sa sœur.

Le musée accepte et Paul rédige la préface du catalogue. On y découvre un frère admiratif qui essaie en quelque sorte de rallumer les projecteurs sur le talent de sa sœur. Visiblement loin d'être à une incohérence près, il va même donner au musée Rodin la sculpture de *L'Âge mûr* et son premier plâtre, offrant ainsi un mausolée à cette œuvre qui cristallise une histoire d'amour passionnelle entre les deux grands sculpteurs. Mais l'exposition est un échec. Personne ne se souvient de Camille. Personne ne s'y intéresse.

Il faut attendre les années 1980 et la biographie d'Anne Delbée, *Une Femme*, pour que le voile de la honte commence à se lever. On se souvient alors que Paul avait une sœur et qu'elle était sculptrice. En 1988, Isabelle Adjani endosse le rôle de Camille pour le film de Bruno Nuytten. Le succès de ce film transforme Camille en icône, en mythe. Aujourd'hui, Paul n'est plus seulement un écrivain de talent, il est avant tout, le frère de Camille.

Musée Rodin
79, rue de Varenne
75007 Paris
Tél. : 01 44 18 61 10
www.musee-rodin.fr

L'Âge mûr ailleurs

Camille a eu si peur que son *Âge mûr* soit voué à disparaître ! Fort heureusement, le destin en a décidé autrement. Il existe aujourd'hui deux autres versions en bronze qui méritent d'être découvertes en région parisienne. Chacune a sa propre histoire.

Souvenez-vous, Camille se débat avec l'administration pour faire réaliser une version en marbre ou en bronze de son plâtre. Alors qu'elle commence à désespérer, un homme, le capitaine Tissier, change la donne. Il a vu l'œuvre quelques mois plus tôt au salon des Beaux-Arts. Pour lui, cela a été une révélation. Il est tombé amoureux fou de cette sculpture, au point d'en être obsédé et de ne plus pouvoir imaginer vivre sans elle. Mais l'homme n'a pas les moyens d'un mécène.

Trop heureuse de rencontrer enfin quelqu'un qui sait apprécier cette œuvre si importante, Camille réfléchit aux différentes possibilités qui s'offrent à eux. Elle ne cherche pas à gagner d'argent, seulement à couvrir les frais d'une fonte en bronze. Ils vont chacun à leur tour chercher une solution et finalement trouver un artisan capable de réaliser un travail de qualité à moindre coût.

Le capitaine a, par ailleurs, une exigence bien particulière. Il veut pouvoir emmener l'imposante sculpture dans toutes les garnisons où il sera amené à vivre. Camille lui propose donc de la scinder en trois parties afin qu'elle soit démontable. Cette version est aujourd'hui conservée au musée d'Orsay. Un regard attentif permet de voir comment Camille a divisé la composition. D'un côté Rose et Rodin, de l'autre l'implorante ; la troisième partie est le voile qui enveloppe la vieille femme.

Quelques années plus tard, en 1906, Camille désespère toujours de recevoir cette satanée commande de l'État. Un marchand, Eugène Blot, voyant les difficultés financières dans lesquelles elle se débat, lui propose de réaliser des versions réduites de *L'Âge mûr*. Soixante centimètres au lieu du mètre quatre-vingts originel. L'idée est ingénieuse car elle permettrait d'installer l'œuvre sur une cheminée ou sur une commode. Des six exemplaires réalisés, un seul est aujourd'hui encore visible. Il est conservé au musée Camille-Claudel de Nogent-sur-Seine.

Musée Camille-Claudel
rue Gué-de-la-Loge
10400 Nogent-sur-Seine
Tél. : 03 25 39 71 79

7

À l'ombre de la tour Eiffel

7e arrondissement

Wilhelm Dubelloy est agent d'accueil à la tour Eiffel depuis douze ans. Ancien steward, il explore aujourd'hui le monde d'une manière bien différente puisque ce sont les touristes des quatre coins de la planète qui viennent à lui. Fasciné par la dame de fer, il en est le guide idéal car il connaît son quotidien, ses recoins, mais aussi tous ses secrets.

En cent vingt ans, la tour Eiffel est devenue l'image la plus emblématique de la France. C'est aussi le monument le plus copié au monde puisqu'il en existe des répliques sur les cinq continents. Aucune cependant n'affiche les 300 mètres d'altitude de l'original. « C'est le symbole de Paris et de la France, et tout le monde la connaît. Chaque jour, je la regarde, je l'admire. Sa beauté et son élégance me subjuguent », confie Wilhelm, Wim pour les intimes et ses collègues.

Pour une visite réussie, Wim a ses petits tuyaux. Opter pour une réservation sur le site

Internet afin de ne pas avoir à faire la queue parfois des heures. Éviter les fins de semaine. Et surtout, jeter un coup d'œil à la météo le matin car les nuages sont le pire ennemi du visiteur. « Parfois la visibilité peut être extrêmement réduite, voire nulle. Et c'est tellement dommage. Car par beau temps, on a une vue imprenable, jusqu'à 40 km. Magique. »

Le matin, Wim aime « faire l'ouverture », comme on dit sur la tour. Sa première mission consiste alors à ouvrir le chemin pour les équipes de nettoyage. L'occasion de s'offrir quelques secondes en tête à tête avec la plus belle vue de Paris. Un moment qu'il qualifie de « grandiose » et auquel il ne déroge jamais.

Wim adore le contact avec les visiteurs. Polyglotte, il maîtrise cinq langues et n'hésite jamais à engager la conversation.

« Un jour, en me dirigeant vers la cantine du personnel (soit dit en passant la plus haute de France car elle est à 115 mètres de haut), j'aperçois une femme en train d'écrire. Elle est adossée à la porte qui donne accès au restaurant d'entreprise. Je lui fais gentiment comprendre qu'elle doit se lever pour que je puisse passer. Elle s'exécute et me dit : "Oh ! vous travaillez ici ?" Et elle commence alors à engager la conversation. Après quelques questions, elle finit par me dire : "Vous savez, je suis mariée à la tour Eiffel." » Et comme pour donner corps à l'information, elle écarte son bustier et Wim découvre, médusé, un tatouage de 20 centimètres, logé entre ses deux seins, qui représente la tour Eiffel. « Si ce n'est pas de l'amour, cela ! s'amuse-t-il. Ensuite, elle m'avoue qu'elle a également le viaduc de Garabit tatoué dans le bas du dos. Je vais finalement apprendre qu'elle a poussé son attachement à la tour jusqu'à changer son nom de famille pour devenir madame Eiffel ! »

Bien sûr, toutes les rencontres ne sont pas aussi folles. En revanche, elles sont souvent touchantes. Chaque jour, sans exception, ont lieu sur la tour des demandes en mariage. Le comble du romantisme pour bien des touristes. Les plus expansifs sont les Américains, qui mettent un genou à terre. Mais cela ne se passe pas toujours exactement comme prévu.

« Un soir alors que je faisais mon petit tour, je remarque un groupe de gens autour d'un jeune couple. Je m'approche et je vois un jeune homme, genou à terre, en train d'offrir à sa belle un petit paquet enrubanné. Elle voit l'écrin et comprend évidemment tout de suite... Elle tente de l'ouvrir mais n'y parvient pas. Le jeune homme essaie à son tour. Sans plus de résultat. En forçant, il réussit mais, à cause d'un geste maladroit, la bague s'envole et atterrit quelque part dans les maillages de la tour, où elle doit encore se trouver. Triste et inoubliable ! »

Chaque année, on compte 7 millions de visiteurs, dont 90 % sont étrangers. Les plus courageux montent à pied les 1 665 marches. Mais parfois le sommet est fermé. En particulier les jours de grand froid, car le sol est en métal et il est impossible d'utiliser du sel ou du sable pour éviter les glissades. On ferme également les plateformes quand le vent dépasse les 80 km/h. Pas question de mettre les visiteurs en situation de risque.

La dame de fer est plus fragile qu'on pourrait le croire. Et pour l'aider à lutter contre les assauts du temps et de la pollution, il faut la protéger. Pour cela, une seule solution : la peinture, qui fait office de masque de beauté. Une opération renouvelée tous les sept ans. À chaque fois, c'est le même chantier titanesque pendant lequel une équipe de 25 peintres équipés de 1 500 pinceaux va utiliser 60 tonnes de peinture.

La tour semble parfaitement uniforme, alors qu'en fait elle est peinte avec trois nuances de brun pour assurer une cohérence visuelle. En effet, plus on va vers le sommet, plus le treillis est concentré ; il est donc impératif d'utiliser une couleur plus claire. Au final, quand la tour est vue du sol ou des airs, le subterfuge est efficace : on ne voit qu'une seule et même couleur.

Le plus fascinant, c'est que la tour Eiffel n'a pas toujours eu la même allure. Elle a d'abord été rouge Venise, puis jaune, ensuite jaune grisé, puis marron, enfin rouge bois de Chine. C'est seulement en 1968 qu'elle a pris la robe que nous lui connaissons aujourd'hui, le fameux brun tour Eiffel.

En dehors de l'érosion, l'ennemi de la tour Eiffel est le feu. Le fer ne supporterait pas la chaleur et fondrait bien plus vite qu'on ne l'imagine. Alors, pour éviter une telle catastrophe, on ne badine pas avec la sécurité. Ainsi, ni la brasserie ni le restaurant gastronomique n'ont le droit d'utiliser le gaz. Pas question d'avoir la moindre flamme. Seule l'électricité est autorisée. Et pour le restaurant Jules-Verne, étoilé au guide Michelin, le défi est de taille.

Autre difficulté pour ce restaurant chic, jongler avec le peu d'espace. Il possède en effet la plus petite cuisine gastronomique de la capitale, avec moins d'un mètre carré par personne. Les chefs ont dû inventer une organisation bien spécifique, unique au monde. En effet, le Jules-Verne a des cuisines annexes… à 100 mètres de la tour, dans des sous-sols secrets dissimulés sous le Champ-de-Mars. C'est ici que les matières premières sont livrées, stockées et même préparées. Un produit monté au Jules-Verne est, en quelque sorte, prêt à être cuisiné. Et pas question d'oublier quoi que ce soit car, comme le dit le chef, « tout oubli est sanctionné par une attente de 20 à 30 minutes, entre le trajet sur le Champ-de-Mars et l'attente de l'ascenseur de service ».

Ce ballet complexe des cuisiniers est invisible pour les privilégiés qui viennent découvrir la carte du restaurant. Le menu est concocté à partir de produits 100 % français et rend hommage à la grande dame. Ainsi, les pommes de terre soufflées sont en forme de tour Eiffel. Et le dessert fétiche est un écrou en chocolat dont le moule a été réalisé sur un écrou d'origine. Sans oublier le beurre moulé qui reprend la dentelle du monument.

Quant à la décoration de la salle, elle est tout simplement aérienne. Tout a été pensé par le designer Patrick Jouin pour donner la sensation de flotter dans les airs, sans jamais surcharger le monument. La charpente métallique pèse 7 300 tonnes, ses aménagements mènent l'ensemble à 10 100 tonnes, mais il est hors de question de lui faire supporter plus. Alors, chaque chantier est une gageure. Tout ce qui a été enlevé a été pesé au kilogramme près et il en va de même pour ce qu'on y a apporté. Les fondations ne supporteraient pas une tonne de plus.

Plus de cent vingt ans après sa construction, le monde entier semble avoir oublié que la dame de fer n'avait été conçue que pour parader le temps de l'Exposition universelle de 1889. Impossible, cent vingt ans plus tard, d'imaginer le paysage parisien sans elle. Il suffit pour s'en convaincre de s'offrir un pique-nique aux beaux jours sur le Champ-de-Mars. Les murmures enjoués qui accompagnent chaque scintillement le confirment : la tour, c'est une grande histoire d'amour.

Tour Eiffel Champ-de-Mars
5, avenue Anatole-France
75007 Paris
Tél. : 0 892 70 12 39
www.tour-eiffel.fr

8

Le musée Maxim's, une autre enclave Art nouveau

8e arrondissement

De Maxim's, on connaît l'adresse prestigieuse du restaurant qui a fait tourner les têtes du Tout-Paris pendant des décennies. Un succès que l'on devait à sa carte, mais aussi à son formidable décor Art nouveau, achevé juste avant l'Exposition universelle de 1900. Aujourd'hui, sa table n'est plus aussi fameuse mais les lieux abritent néanmoins un musée méconnu où l'on a recréé, dans les moindres détails, l'appartement d'une demi-mondaine de la Belle Époque. Charmant, tout simplement !

Depuis quelques années, l'histoire de Maxim's est devenue indissociable du nom de Pierre Cardin. Le couturier, habitué des lieux de longue date, apprend un jour de 1981 que l'enseigne va être cédée à des étrangers. Comment l'emblème de la vie parisienne pourrait-il perdre sa nationalité française ? Impensable. Inimaginable. En moins de 24 heures, Cardin décide de l'acheter et signe un contrat dans la foulée.

Mais le couturier a, malgré tout, un point faible : il est loin d'être un fin gourmet. Pour lui, la carte passe après l'atmosphère. Et ce qui l'a toujours fasciné chez Maxim's, ce sont surtout ses magnifiques décors Art nouveau. L'homme y est particulièrement sensible car, depuis bien longtemps, il collectionne les plus belles pièces de cette époque : des meubles, des vases, des sculptures, des lampes, de la vaisselle, des verreries...

Alors, inévitablement, il délaisse la finesse des fourneaux pour se consacrer à la seule aventure qui l'intéresse vraiment : recréer de toutes pièces une habitation de la Belle Époque dans laquelle sa collection trouvera tout son sens et prendra enfin vie.

Aujourd'hui, cet incroyable appartement de 300 m^2 se visite. Mais attention, pas question de venir à l'improviste. Pierre Cardin veut que l'on apprécie ses trésors à leur juste valeur et, pour cela, il exige que l'on réserve en amont.

Pas question non plus de déambuler seul comme dans n'importe quel autre musée parisien. On se doit d'être accompagné par le guide maison, qui fait presque partie du décor. Son style vestimentaire, son langage et son phrasé semblent tout droit sortis du beau monde parisien des années 1900. Avec lui, on a l'impression d'entrer dans les lieux par effraction et que, d'un instant à l'autre, la belle demi-mondaine propriétaire des lieux va nous surprendre. La curiosité du visiteur est tout émoustillée par cette formidable intimité qui s'offre à lui. Le nécessaire à coiffure en argent, les boas, le peignoir, pour un peu on sentirait un parfum à la violette.

La chambre à coucher principale est sublime. Signée Louis Majorelle, elle est dotée d'un décor d'iris et de nénuphars d'une telle finesse qu'il faut se faire violence pour ne pas le caresser. Dans la salle à manger, une table en marqueterie d'Émile Gallé accueille tout le service nécessaire à un petit-déjeuner dans les règles de l'art. On imagine la bonne odeur du café et du pain grillé.

Sur le côté de la pièce, un impressionnant canapé-fauteuil de Gaudí, qui a dû accueillir bien des jolies actrices, comme celles évoquées par Jean Cocteau en 1913 quand il écrivait : « Vu ce soir Otero et Cavalieri dîner chez Maxim's, c'était un amoncellement de velours, dentelles, rubans, diamants et que sais-je encore. » Et le poète d'ajouter quelques années plus tard : « Déshabiller l'une de ces femmes était une entreprise qu'il fallait prévoir avec trois semaines d'avance comme un déménagement. »

On aimerait chasser le guide et les visiteurs, se retrouver seul le temps d'une nuit. Les murs pourraient alors nous raconter bien des histoires, dont des secrets de tournage. En effet, l'appartement a servi de décor à plusieurs longs métrages, dont le magnifique *Chéri* de Stephen Frears, tiré du livre éponyme de Colette.

Un juste retour des choses, car Colette était une grande habituée des lieux. Pour célébrer sa Légion d'honneur, elle est d'ailleurs venue au restaurant Maxim's, incontestablement la meilleure adresse pour parader devant le Tout-Paris.

Maxim's
3, rue Royale
75008 Paris
Tél. : 01 42 65 30 47
www.maxims-musee-artnouveau.com

9

Nissim de Camondo, un destin brisé

8e arrondissement

Quand Émile Zola parle de la demeure des Camondo, il évoque « un étalage, une profusion, un écrasement de richesses ». En 1911, personne ne peut rivaliser avec l'extraordinaire collection de Moïse de Camondo consacrée à l'Ancien Régime. Cette œuvre d'une vie sera transformée en musée, baptisé Nissim en hommage à son fils décédé pendant la Grande Guerre. Probablement l'un des musées les plus touchants de la capitale.

Pendant une bonne partie du XIXe siècle, les vestiges de l'Ancien Régime sont considérés avec un certain mépris. Ce style semble dépassé, clinquant, de mauvais goût. Et puis, les frères Goncourt commencent à afficher leur intérêt pour le XVIIIe siècle. L'air du temps tourne. La bonne société parisienne va leur emboîter le pas et se découvrir une curiosité nouvelle pour les trésors épargnés par la Révolution.

À Paris, un banquier célèbre, le comte Moïse de Camondo, entame une collection. C'est loin d'être un simple passe-temps : il tient à réunir avec une rigueur scientifique des œuvres cohérentes et de grande qualité. Pour cela, il prend régulièrement conseil auprès des plus grands antiquaires et des conservateurs du Louvre. Peu à peu, sa connaissance du style et le choix de ses objets lui assurent une réputation de fin connaisseur.

Moïse de Camondo est juif séfarade, et sa famille est originaire de Constantinople. Les Camondo ont été les banquiers des sultans, bâtissant une fortune si colossale qu'on les surnomme les Rothschild de l'Est. Ils ont tellement œuvré pour Istanbul qu'aujourd'hui, il existe là-bas encore de nombreux témoignages de leurs mécénats.

Installé à Paris pour faire prospérer ses affaires, Moïse épouse une jeune femme probablement aussi fortunée que lui, Irène Cahen d'Anvers. Ils ont ensemble un garçon et une fille, Nissim et Béatrice, mais rapidement le couple bat de l'aile et Moïse obtient la garde des enfants après la séparation.

Alors que sa vie sentimentale est un fiasco, la collection de Moïse se mue en passion dévorante. Son activité favorite consiste à réunir des paires de meubles ou de vases qui ont été séparés au fil du temps. Comme s'il pouvait réparer les dommages de la Révolution et reconstituer le puzzle historique de l'Ancien Régime. Plus sa collection avance et plus son rêve se précise : recréer une demeure du XVIIIe siècle dans ses moindres détails. C'est ainsi qu'il se fait construire en 1911, aux abords du parc Monceau, un hôtel particulier fortement inspiré du Petit Trianon, à Versailles. Presque une réplique.

Il abandonne finalement son travail de banquier pour se consacrer entièrement à cette passion. Une véritable quête du Graal où il espère trouver l'objet le plus rare, le mieux conservé. De la tapisserie au mobilier, du paravent aux candélabres, des peintures aux porcelaines. Encore plus et encore mieux. Mais Camondo est un esthète, il se montre aussi attentif à la qualité de l'objet qu'à sa provenance.

Parmi ses grandes fiertés, la chiffonnière en auge livrée en 1788 à Marie-Antoinette pour le château de Saint-Cloud. Il possède par ailleurs une paire de vases en bois pétrifié ayant également appartenu à la reine. De madame de Pompadour, il retrouve une bouteille à saké du XVIe siècle, en bronze laqué et doré. Rare, inestimable et bien sûr unique.

Peu à peu, Moïse devient un expert en marqueterie et en bois précieux : bois de rose, bois de violette, hêtre ou ébène, il sait reconnaître toutes les essences. Il cherche des éléments de mobilier signés par les plus grands artistes de l'époque : Saunier, Van Riesen Burgh ou Vaudecruse. Il s'intéresse également aux services de porcelaine de Sèvres, pour laquelle il crée un imposant cabinet des porcelaines qu'il aime faire visiter à ses amis. Parmi ces pièces rares, on peut admirer un service à oiseaux tiré des planches d'observation de Nicolas Buffon. Des trésors fragiles qui ont miraculeusement survécu à la Révolution et à plus d'un siècle d'histoire mouvementée.

Il réussit également à se procurer de nombreux tissages en excellent état de conservation, dont la pièce maîtresse est sans doute le tapis sur le thème de l'air et du vent installé dans son salon doré, qui faisait partie d'une importante commande passée par Louis XIV pour la grande galerie du Louvre.

Moïse de Camondo aménage peu à peu son hôtel particulier de manière extrêmement précise et juste, veillant à redonner à chacune des pièces leur sens historique. Incroyablement documenté, il suit naturellement les us et coutumes du XVIIIe siècle, à un détail près : les commodités. En effet, Moïse rêve de l'Ancien Régime, mais il veut bénéficier du confort de la modernité. Alors il fait installer dans l'hôtel trois salles de bains dernier cri de la Belle Époque, dignes de celles que l'on trouvait dans les palaces. Un témoignage rarissime de nos jours.

À cela s'ajoutent les cuisines, avec le nec plus ultra de la modernité en 1911 : l'office du chef, la cuisine, la laverie et la salle des gens, où les domestiques prenaient leur repas. Cela ressemble à une incursion fascinante dans le monde de *Downton Abbey*. Autre concession à la modernité, et non des moindres : l'ascenseur, un luxe inouï dans ces années-là où l'on en comptait moins d'une dizaine à Paris.

Mais la guerre arrive. Nissim, le fils de Moïse, doit partir. La séparation est douloureuse pour cet homme tellement attaché à ses enfants. Les échanges épistolaires sont presque quotidiens. Malheureusement, l'issue est tragique : Nissim ne reviendra pas. Moïse s'enferme encore un peu plus dans sa passion. Peu nombreux sont les gens autorisés à venir lui rendre visite. Déchiré par le deuil, il décide finalement que le meilleur hommage qu'il pourra rendre à son fils est de pérenniser son nom. Un nom qui, sans héritier, est voué à s'éteindre. Il décide donc de transformer sa demeure en musée et de le baptiser « Nissim de Camondo ».

On imagine aisément que le quotidien est difficile pour Béatrice, la sœur du défunt. Délaissée par son père, elle se réfugie dans l'équitation et devient une cavalière émérite. Cette histoire de musée ne l'intéresse pas particulièrement. En 1920, elle épouse un musicien et ils ont deux enfants. Finalement, dans les années 1930, Moïse décide de léguer son musée à l'État français et d'en confier la gestion à l'Union des Arts décoratifs, dont il est président. Ses conditions extrêmement précises sont consignées dans son testament :

> L'aménagement intérieur de l'hôtel devra être maintenu tel qu'il sera à mon décès, c'est-à-dire

qu'aucun meuble ou objet d'art ne devra être déplacé, sauf certains sièges ou petites tables qui pourraient gêner la circulation du public mais qui devront rester dans la même pièce.

Il faudra, autant que possible, éviter la pose de mains courantes, comme cela se pratique actuellement dans les musées nationaux, afin de permettre aux visiteurs de voir les objets plus à leur aise et aussi de ne pas détruire l'harmonie actuelle de l'hôtel. [...]

J'entends que le portrait de mon père par Carolus Duran et les diverses photographies de mon fils qui se trouvent posées ou accrochées dans diverses pièces de l'hôtel restent toujours à leurs places actuelles.

Moïse meurt en 1935. Au début de 1936, l'Union des Arts décoratifs réalise un grand nombre de photos afin de garder des traces précises de chacune des dispositions.

Un album réunissant certains de ces clichés est offert à Béatrice, qui dira que « ces belles images sont un précieux souvenir, elles reproduisent avec une fidélité surprenante les différents aspects de la maison ». Affectée par la mort de son père, elle aide les Arts décoratifs à ouvrir le musée dans les meilleures conditions.

L'inauguration a lieu le 21 septembre 1936. Quelques semaines plus tard, un journaliste de *L'Illustration* écrit :

« La visite du musée reste relativement confidentielle mais devient le passage obligé des étudiants, des collectionneurs et des amateurs impressionnés par cette demeure privée, devenue publique, cette maison-musée où le vestiaire de trente-cinq invités devient celui des visiteurs. »

Quand la Seconde Guerre mondiale éclate, Béatrice continue de vivre sa vie de cavalière insouciante. Ne semblant pas avoir conscience du danger pourtant si proche, elle participe à de nombreux concours hippiques. Elle est arrêtée en 1942 avec sa fille. Son mari et son fils le seront dans la foulée. Après plusieurs mois à Drancy, ils sont déportés à Auschwitz d'où ils ne reviennent pas. Avec eux, c'est le nom Camondo qui disparaît. Seul témoin de cette famille unie, ce musée tellement intime que l'on a l'impression de les côtoyer quelques instants...

Musée Nissim-de-Camondo
63, rue de Monceau
75008 Paris
Tél. : 01 53 89 06 40
www.lesartsdecoratifs.fr/francais/nissim-de-camondo/

10

La maison Guerlain, au palais des sens et des réminiscences

8e arrondissement

Le 68, avenue des Champs-Élysées est depuis un siècle l'ancrage de la mythique maison Guerlain. Une adresse riche en enseignement sur l'histoire de la marque et son savoir-faire. C'est aussi, depuis quelque temps, un lieu où le soir, une fois le magasin fermé et le calme revenu, on peut venir dîner dans une atmosphère merveilleusement romantique.

Quand on arpente les Champs-Élysées, on se focalise trop souvent sur la perspective de l'Arc de triomphe ou celle de la Concorde. On en oublierait presque d'admirer quelques façades mythiques. Comme celle du Lido, véritable bijou de style Art déco. Ou encore celle du 68, avenue Champs-Élysées, adresse historique de la maison Guerlain depuis cent ans. Avec ses *bow-windows* et ses ferronneries d'art, c'est un bel exemple d'architecture de la Belle Époque. Le bâtiment est l'œuvre de Charles Mewès. L'homme n'est pas un inconnu, car il a déjà réalisé le Ritz de la place Vendôme et le Carlton de Londres.

Si la marque Guerlain a des boutiques à son nom, c'est tout simplement lié à un affront qu'a essuyé Pierre-François-Pascal Guerlain en 1828. Alors qu'il démarche un des premiers grands magasins de la capitale pour diffuser ses parfums, il doit faire face à une fin de non-recevoir. Il transforme l'échec en projet et décide qu'à partir de ce moment-là la maison Guerlain aura ses propres points de vente.

Il faut attendre 1914 pour que la marque décide de s'installer sur la plus célèbre avenue du monde. La réputation de Guerlain est alors mondiale et on murmure que tous les chefs d'État français se parfument avec les eaux de cologne de la maison. Les actrices, les artistes, les femmes du monde, les hommes d'affaires épousent l'élégance Guerlain, et les carnets de commandes ne désemplissent pas.

Pour cette adresse des Champs-Élysées, Guerlain a souhaité une boutique somptueuse, vitrine de la marque. Les clients sont accueillis par un décor constitué de dix-sept nuances de marbre de Carrare, symbole d'élégance et de longévité.

Aujourd'hui, l'atmosphère est presque la même. Un détail au fond de la boutique mérite une attention particulière : un meuble à savons en étain et bois sombre, qui date de l'origine. On y reconnaît les classiques *Lavande* et *Mitsouko*, mais aussi des noms plus inattendus comme *Laitue véreuse* ou *Fleur qui meurt*.

Il y a cent ans, une savonnette Guerlain était un cadeau aussi raffiné qu'un bouquet de fleurs, aussi intime qu'une déclaration d'amour.

« Pour célébrer les cent ans de l'adresse, nous voulions ajouter une touche actuelle, de notre histoire contemporaine, explique Élisabeth Sirot, responsable du patrimoine de la maison. Mais le lieu est classé, ce n'est pas si simple de le faire évoluer. Il faut donc lever les yeux pour découvrir la nouveauté : un ciel d'eau en métal martelé, imaginé par les frères Haas, des artistes autrichiens. Ils ont réussi à capter le mouvement des ondes aquatiques, pour un peu on pourrait entendre son clapotis. »

Les véritables passionnés de parfums ne se contentent pas d'acheter une fragrance au rez-de-chaussée. Ils grimpent à l'étage à la rencontre des vendeurs les plus pointus. Ici, on évoque des souvenirs d'enfance, les délices des sens, les senteurs des fleurs, des fruits et des épices. On peut essayer, explorer des dizaines de signatures de la maison. Une vendeuse vous guide dans votre quête tout en nourrissant votre culture olfactive. Ainsi on apprend que l'inconscient part souvent à la recherche des odeurs sécurisantes de l'enfance. Jusqu'à l'âge de douze ans, sans le savoir, nous nous constituons un patrimoine olfactif qui guidera notre vie et nos envies par la suite. Vous préférez les odeurs fruitées à celles de la violette ou du lilas ? Le musc vous trouble ? Ce n'est jamais tout à fait un hasard. À vous de les ressentir pour mieux les comprendre.

Et pour savoir si un parfum est véritablement le bon, vous apprendrez à la maison Guerlain qu'il existe une technique infaillible : comme pour un homme, il faut dormir avec pour savoir si on l'aime vraiment.

Au 68, on remonte volontiers le temps avec des rééditions d'anciens parfums, on voyage également avec des séries limitées spécifiques aux boutiques Guerlain. Juste retour des choses depuis l'humiliation subie par Pierre-François-Pascal Guerlain, la marque ne cède que ses best-sellers aux autres parfumeries et conserve jalousement ses trésors cachés ou méconnus. *Rose Barbare*, *Arsène Lupin*, *Angélique noire*, autant de noms qui résonnent comme des poèmes.

Ensuite, engagez-vous dans le couloir pour découvrir les vitrines qui retracent l'histoire de la maison. Cela ressemble à un cours d'histoire imaginé par Jacques Prévert. On y découvre un pot de la fameuse *Crème à la fraise* dont, dit-on, Sissi impératrice ne pouvait se passer. Un flacon édition spéciale pour l'ouverture de la boutique en 1914 avec une tortue en baccarat qui n'était autre qu'un clin d'œil au chantier, naturellement, en retard. À ses côtés, *Coq d'or*, un parfum inspiré par Diaghilev, le créateur des Ballets russes. C'était un inconditionnel de la maison, au point qu'il pulvérisait du *Mitsouko* sur le rideau rouge du Bolchoï avant chaque représentation. Plus loin, le parfum imaginé pour Napoléon III jouxte celui porté par le prince de Galles, Édouard VII, en 1842.

Le dernier trésor est une acquisition récente d'Élisabeth Sirot. Un coffret en marqueterie de 1850 estampillé Guerlain et composé de quatre bouteilles de cristal où chaque bouchon en émail est finement décoré d'un monument de Paris : l'Arc de triomphe, la colonne Vendôme, l'église de la Madeleine et le Sénat. « Quand j'ai découvert ce coffret, je n'en revenais pas, je ne savais même pas que cela existait ! se souvient Élisabeth Sirot. J'ai été émerveillée de voir à quel point il était parfaitement conservé. » Pourtant Élisabeth connaît bien la maison et l'histoire de ses créations puisque cela fait trente ans qu'elle y travaille.

En 1939, le destin de l'Europe s'assombrit dangereusement et la maison Guerlain du 68, avenue des Champs-Élysées s'apprête à franchir une nouvelle étape importante de son histoire. En effet, le tout premier salon de beauté ouvre ses portes. Les plus grands noms du design ont été invités à participer au chantier. On a confié l'espace d'entrée de l'institut à Christian Bérard, figure incontournable du monde de la mode. Celui-ci a imaginé des portes et des boiseries en trompe-l'œil sur des murs de satin crème. Aujourd'hui classé, c'est le dernier décor signé de l'artiste à exister dans son intégralité.

Jean-Michel Franck, designer emblématique de l'Art déco et coqueluche de Chanel et Schiaparelli, s'est inspiré des marbres de Carrare du rez-de-chaussée pour offrir un salon au décor précieux. À cela s'ajoutent les appliques sobres et élégantes de couleur beige réalisées par Diego Giacometti. Quatre-vingts ans plus tard, l'ensemble est encore d'une modernité étonnante.

Aujourd'hui, dans la prolongation du goût des grands décorateurs, on a paré les murs des cabines de parois en onyx clair. « C'est la pierre de la sérénité par excellence, précise Élisabeth. Ici, nous proposons des soins sur mesure. Selon vos besoins du jour, vos envies, vos habitudes, les odeurs que vous aimez. Une visite au 68 doit être une incursion dans le luxe ultime et la quiétude absolue. »

La maison offre un autre service exceptionnel, un luxe bien moins accessible : les parfums sur mesure. Imaginez donc, le nez de la maison, Thierry Wasser, réalise pour vous et rien que pour vous le parfum idéal. Durant plusieurs séances, il explore ce fameux patrimoine olfactif. Souvenirs d'enfance, plaisirs de vacances, recettes de cuisine, tous les sujets sont importants. Ensuite, il propose plusieurs essais de mélanges de senteurs pour arriver à l'accord parfait qui sublime la personne. Ce travail de longue haleine nécessite deux ans de travail.

« C'est insensé, quand on y pense ! Il passe autant de temps à concevoir un parfum qui existera en une dose minuscule que pour imaginer un parfum vendu à des dizaines, des centaines de millions d'exemplaires comme *La Petite Robe noire* », précise Élisabeth. Évidemment, ce bonheur a un prix, il faut compter 42 000 euros, et chaque année une dizaine de nouveaux clients s'offrent ce service.

Enfin, la grande nouveauté de la maison, le *68 by Guy Martin*, est dissimulée dans le sous-sol du magasin. C'est un restaurant unique au monde. Pour sa carte, Thierry Wasser le parfumeur et Guy Martin, le célèbre chef du Grand Véfour, ont conjugué leurs talents. Pendant des semaines, des mois, ils ont échangé sur leurs goûts, leurs passions, leurs odeurs favorites. À partir de là, Guy Martin a décliné certaines essences pour concocter des recettes comme le cabillaud aux arômes de *La Petite Robe noire* ou le macaron *Shalimar*. Le résultat dépasse toutes les attentes pour un prix tout à fait raisonnable. On y vient en journée pour déjeuner ou prendre le thé.

Mais son vrai secret est d'être accessible le soir, pour peu qu'on ait pris la peine de réserver. Imaginez donc. 21 heures sur les Champs-Élysées, la vie bat son plein. Il suffit d'un sésame et les portes s'ouvrent. Le magasin est silencieux, désert et naturellement plongé dans la pénombre. On a l'impression de traverser une cathédrale. Au fond, un escalier d'onyx laisse échapper quelques éclats de vie. Et pour cause, au bas des marches, quelques convives partagent l'un des dîners les plus intimes de la capitale. Au cœur de la maison endormie, ils se laissent envoûter par des essences de vanille et d'ylang-ylang mariées aux plus beaux fruits et légumes du marché.

Un délice pour tous les sens.

Maison Guerlain
68, avenue des Champs-Élysées
75008 Paris
Tél. : 01 45 62 52 57
www.guerlain.fr

11

La chapelle expiatoire, un hommage bien encombrant

8e arrondissement

La chapelle expiatoire est probablement l'édifice le plus mystérieux de Paris. Pas vraiment une église, ni tout à fait un monument funéraire, elle est à la croisée des chemins. Construite il y a un siècle, pour rendre hommage aux deux souverains décapités : Louis XVI et Marie-Antoinette, c'est une adresse connue seulement des royalistes et des amoureux de l'architecture du XIXe siècle.

Située en plein cœur du 8e arrondissement, rue Pasquier, à quelques enjambées de la Madeleine, la chapelle expiatoire est dissimulée par le square Louis-XVI. L'emplacement du bâtiment n'a pas été choisi par hasard : c'est précisément ici que l'on a enterré un grand nombre de victimes de la Révolution.

Rendez-vous avec Aymeric Peniguet de Stoutz, l'administrateur des lieux. En d'autres termes, il est le chef d'établissement, en charge de l'entretien de la chapelle, et son rôle est aussi de la faire connaître. Une mission aussi passionnante que complexe.

Est-il noble ? Question délicate à poser en ces lieux chargés d'histoire. Il semblerait que monsieur Peniguet de Stoutz soit issu de la noblesse d'épée de l'Ancien Régime ; il a un aïeul originaire de Rhénanie, qui appartenait au régiment de Nassau et qui fut anobli par Louis XVI en 1786.

N'imaginez pas pour autant un vieux monsieur poussiéreux : il n'a pas quarante ans et semble être le sosie de Nicolas Bedos. Il affiche un sourire charmeur et une belle élégance vestimentaire.

Ce que représente pour lui un monument si fortement lié à la Révolution ?

« J'ai voulu devenir administrateur de ce bâtiment car il me fascinait. Déjà, simplement parce que c'est un chef-d'œuvre de l'architecte Fontaine. On parle toujours de Fontaine et Percier comme on a parlé de Fontaine et Bataille, dit-il avec une certaine malice, mais Fontaine est un formidable architecte dont il ne reste que l'arc de triomphe du Carrousel, près du Louvre. Pour ce lieu, il a imaginé un bâtiment inspiré par l'antique, mais aussi un monument révolutionnaire dans son style. L'architecture de l'intérieur est à la fois circulaire et en forme de croix. Une prouesse technique. Les évacuations d'eau ont été faites avec des tunnels intérieurs pour préserver l'esthétique de l'ensemble. »

Pour bien comprendre les lieux, un petit voyage dans le temps s'impose. En 1722, le cimetière de la Madeleine sature, il faut donc en créer un autre. On choisit le futur emplacement rue Pasquier.

Une tragédie en 1770 donne une autre dimension aux lieux. C'est le jour du mariage de Louis XVI et Marie-Antoinette. Parmi les nombreuses festivités, la ville de Paris a prévu un feu d'artifice sur la place Louis-XV (devenue aujourd'hui place de la Concorde). L'événement tourne au tragique : une énorme bousculade engendre 131 victimes. On creuse donc une fosse commune dans ce nouveau cimetière pour accueillir tous ces corps. Drôle de clin d'œil du destin pour ce couple qui finira guillotiné, sur la même place Louis-XV, vingt ans plus tard... et dont les corps reposeront dans le même cimetière.

Alors que le rouleau compresseur de la Révolution est en marche, il faut bien entasser les victimes quelque part. Jusqu'à ce que les riverains se plaignent des odeurs insoutenables, c'est dans ce cimetière que l'on jette pêle-mêle Charlotte Corday, la comtesse du Barry, le duc d'Orléans appelé Philippe Égalité, père de Louis-Philippe, futur roi des Français. Mais aussi la mythique Olympe de Gouge, féministe avant l'heure qui avait rédigé les droits de la femme à la suite des droits de l'homme.

« Quand on enterrait les corps, ils étaient nus. Louis XVI et Marie-Antoinette font exception, et nous avons une description assez précise de leurs tenues, explique Aymeric. En revanche, tous les suppliciés étaient à la même enseigne : on les enterrait avec leur tête entre les jambes. »

Un certain de Clauzot achète ce cimetière en 1802. Il le fait visiter aux curieux pour quelques pièces. À la chute de Napoléon, les orages de la Révolution semblent suffisamment loin, Louis XVIII, frère de Louis XVI, peut monter sur le trône. Connu pour ne pas avoir été souvent de l'avis du défunt monarque, il était, dit-on, très intelligent et fin politicien. À ce moment-là, il souhaite faire un geste pour honorer son frère, mais sans froisser ses adversaires ou les modérés. Il décide alors d'acheter le cimetière sur ses deniers personnels pour y faire édifier un bâtiment.

« On a souvent présenté Clauzot comme un homme qui voulait rendre hommage à Louis XVI et Marie-Antoinette, un homme qui préservait le passé. La transaction établie avec Louis XVIII donne un autre éclairage. Quand le souverain lui demande combien il veut pour ce cimetière qu'il avait acheté 4 000 francs, Clauzot répond humblement que ce n'est pas à lui d'en décider la valeur. Louis XVIII lui propose alors 50 000 francs, ce qui est déjà une très belle plus-value. Il lui répond alors : "60 000, ce serait quand même mieux." »

Au moment de la transaction, Clauzot indique l'endroit où sont enterrés les corps de la reine et du roi. « En ce qui concerne Marie-Antoinette, on a trouvé une jarretière qui correspondait au descriptif ; pour Louis XVI, c'était un peu plus nébuleux », explique l'administrateur.

Tandis que les cendres supposées des deux souverains sont envoyées à Saint-Denis, Louis XVIII demande à Fontaine de réfléchir au projet. Le sujet est délicat, il n'est pas question de mettre à la même enseigne une Charlotte Corday et une Marie-Antoinette. Louis XVIII décide finalement que cette chapelle doit être un hommage non pas aux victimes de la Révolution, mais bien aux deux souverains.

Fontaine propose de créer des cénotaphes, c'est-à-dire des tombes vides, en souvenir des gardes suisses abattus alors qu'ils tentaient de protéger la famille royale aux Tuileries. C'est aussi, symboliquement, une manière de rendre une certaine dignité aux deux souverains et, au-delà de la mort, de leur assurer une garde rapprochée pour l'éternité.

Commençons donc la visite : dans le bâtiment de l'entrée, Fontaine sculpte les initiales de Louis (L. L.) et Marie-Antoinette (M. A.). Il prévoit un cartouche pour une phrase hommage, mais la complexité des lieux, et leur poids symbolique et politique feront que, deux cents ans plus tard, ce cartouche est toujours vide.

En arrivant dans l'allée de cénotaphes qui mène à la chapelle, on remarque peu de signes religieux, plutôt des symboles païens, comme des guirlandes de cyprès emblématiques de l'époque romaine ainsi qu'un grand nombre de têtes de pavot, plante qu'utilisait Morphée pour endormir ses victimes. Les mauvaises langues diront que ces têtes de pavot symbolisent aussi les têtes guillotinées.

On note également la présence de sabliers dotés d'ailes, symbole de la fuite du temps et l'irréversibilité des événements. Devant le manque de repères religieux des lieux, Louis XVIII demande à Fontaine de rajouter une croix extérieure sur la chapelle.

Une fois dans la chapelle, on a soudain l'impression de découvrir une version très intime du Panthéon. À droite et à gauche, deux groupes de sculptures. D'un côté, Louis XVI à genoux à qui un ange montre la direction du ciel. En face, Marie-Antoinette accueillie par la Vierge Marie. Les souverains sont représentés en êtres humains au destin tragique et non en tant que souverains, emblèmes du pouvoir. C'est tout à fait l'esprit romantique de l'époque.

Sous la sculpture de Louis XVI, son testament est gravé. Il y rédige un acte de foi, recommande ses enfants à sa sœur, madame Élisabeth, puis s'adresse au dauphin, futur Louis XVII :

> Je recommande à mon fils, s'il avait le malheur de devenir roi, de songer qu'il se doit tout entier au bonheur de ses concitoyens, qu'il doit oublier toute haine et tout ressentiment, et nommément tout ce qui a rapport aux malheurs et aux chagrins que j'éprouve. Qu'il ne peut faire le bonheur des peuples qu'en régnant suivant les Lois, mais en même temps qu'un roi ne peut les faire respecter, et faire le bien qui est dans son cœur, qu'autant qu'il a l'autorité nécessaire, et qu'autrement, étant lié dans ses opérations et n'inspirant point de respect, il est plus nuisible qu'utile.

Sous la sculpture de Marie-Antoinette, c'est la dernière lettre écrite par la reine qui est mise en valeur. Une missive qu'étrangement, Robespierre a précieusement conservée chez lui jusqu'à sa mort. En voici les premières lignes :

> C'est à vous ma sœur, que j'écris pour la dernière fois. Je viens d'être condamnée, non pas à une mort honteuse, elle ne l'est que pour les criminels, mais à aller rejoindre votre frère. Comme lui innocente, j'espère montrer la même fermeté que lui dans ses derniers moments. Je suis calme comme on l'est quand la conscience ne reproche rien. J'ai un profond regret d'abandonner mes pauvres enfants ; vous savez que je n'existais que pour eux et vous, ma bonne et tendre sœur. Vous qui avez par votre amitié tout sacrifié pour être avec nous, dans quelle position je vous laisse !

Les régimes qui suivirent celui de Louis XVIII furent toujours un peu embarrassés par ce monument qui n'est ni vraiment une église, ni républicain, sans pour autant être totalement un symbole royal. On a même pensé le détruire jusqu'à ce que, finalement, il soit classé monument historique.

« Il est très difficile pour moi de communiquer sur ce lieu que j'adore. J'aimerais que les gens viennent y redécouvrir cette formidable architecture du XIXe siècle, explique l'administrateur. Seuls les passionnés d'histoire ou les royalistes connaissent le lieu. J'aimerais que les gens sachent que d'autres grands témoins de l'histoire, comme Olympe de Gouge, ont été enterrés là. »

Chaque année, le 21 janvier, une messe est donnée en souvenir de la mort de Louis XVI. Un rendez-vous immuable que les royalistes ne rateraient pour rien au monde.

En attendant que le grand public découvre ou redécouvre ces lieux, le calme fait oublier que l'on est en plein cœur du 8e arrondissement. Un chat se promène nonchalamment. Il semble heureux, comme un roi qui régnerait en toute sérénité.

La chapelle expiatoire
29, rue Pasquier
75008 Paris
Tél. : 01 44 54 19 33

Entretien avec Aymeric Peniguet de Stoutz

KATIA CHAPOUTIER : Que représente pour vous la chapelle expiatoire ?
Aymeric Peniguet de Stoutz : Je dirais comme Chateaubriand, et avec la même conviction, qu'elle est « peut-être le monument le plus remarquable de Paris ».

K. C. : Quel y est votre meilleur souvenir ?
A. P. de S. : Mes meilleurs souvenirs tiennent aux visiteurs, qui viennent là pour des raisons diverses mais partagent toujours avec ceux qui les accueillent une émotion liée à l'histoire et à l'esthétique du monument. Je me souviens aussi d'un 21 janvier, jour anniversaire de la mort de Louis XVI, où la chapelle sous la neige était absolument magnifiée, son romantisme intrinsèque semblait sublimé. Ce « voile blanc » tombé du ciel était comme un lointain écho au *Lamento* de Théophile Gautier.

K. C. : Quelle y a été votre rencontre la plus insolite ?
A. P. de S. : C'est à la chapelle que j'ai rencontré celle qui est aujourd'hui mon adjointe, madame Ghislaine Santoni. Son attachement sensible au monument et son excellente connaissance des lieux m'ont donné envie de travailler avec elle.

K. C. : Quelle place la chapelle expiatoire tient-elle aujourd'hui dans votre vie ?
A. P. de S. : Elle est non seulement l'un des lieux que j'administre, mais elle m'est étrangement chère. Elle est tellement hors du monde et hors du temps que chaque heure passée là ressemble à une retraite. La chapelle communique à tous, aux personnels

• • •

comme aux visiteurs, un sentiment de paix. Je m'y ressource volontiers. Pourtant, la chapelle expiatoire est en plein cœur de Paris, à quelques pas de l'agitation du boulevard Haussmann. C'est, dirais-je à titre très personnel, ce sentiment de paix qui est la plus grande réussite de l'architecte.

12

Le Crazy Horse, temple de la féminité

8e arrondissement

Le Crazy Horse, au départ, ce sont quelques caves réunies à deux pas des Champs-Élysées pour implanter en France le concept de l'effeuillage à l'américaine, le fameux strip-tease. Soixante ans plus tard, le cabaret est devenu un véritable mythe connu aux quatre coins du monde mais qui reste paradoxalement l'une des adresses les plus cachées de Paris. L'enseigne est aujourd'hui tenue par une main de fer dans un magnifique gant de velours, celle d'Andrée Deissenberg.

Andrée est blonde, belle, souriante, franche et directe. Enthousiaste de nature, elle respire l'intelligence brute et instinctive. Elle n'est pas du genre à se compliquer la vie, ni à tergiverser. Depuis sept ans, elle a sérieusement su bousculer les codes du Crazy Horse et lui a ainsi permis de revenir sur le devant de la scène.

Les années 2000 ont été difficiles. Le suicide du fondateur, Alain Bernardin, avait laissé le navire sans véritable capitaine. L'équipe se débrouillait tant bien que mal, mais le talent et une certaine exigence, qui avaient fait la réputation des lieux, semblaient avoir fini par s'estomper. Il a fallu du temps pour trouver la bonne personnalité à même d'offrir un nouveau souffle à ce cabaret à la fois mythique et méconnu. Andrée Deissenberg, alliant rigueur professionnelle et une vraie culture artistique, était celle qu'il fallait.

« C'est amusant, notre nom est tellement célèbre et pourtant, qui connaît vraiment le Crazy ? dit Andrée. La journée, vous passez devant et vous ne le remarquez même pas. J'adore cette idée. Des fois, je rêve même de dissimuler complètement l'entrée pour encore plus d'intimité. Ici, en 1951, il faut imaginer que c'étaient des caves où l'on conservait des pommes de terre et du vin. Alain Bernardin, a tout transformé. Il a réussi, peu à peu, à créer une salle sans pilier. »

La salle de spectacle est petite, intime. 250 places : quatre fois moins que ses concurrents, le Moulin rouge ou le Lido. Des murs parés de velours rouge, de miroirs et de laque. Sur le bar, trônent deux bustes : celui de Napoléon III et l'incontournable chef sioux, Crazy Horse. Ici le luxe est évident, mais jamais pesant ni ostentatoire.

« J'ai voulu repenser la salle pour gagner en convivialité. Avant, à la fin du spectacle, c'était "circulez, il n'y a plus rien à voir". Maintenant, c'est différent. Avec les petites tables, les espaces cosy, on vient passer un moment agréable, échanger avec les autres et, en même temps, on est si proche de la scène, souligne Andrée. Avec tous ces miroirs, on a l'impression d'être au cœur d'un diamant. »

La scène étonne par ses dimensions. Une minuscule boîte noire de 2 mètres de haut sur 6 de long. Avec le premier tableau des danseuses en soldats, elle est entièrement occupée. « J'ai changé la salle, mais j'ai voulu garder cette petite scène. Cela fait partie de l'identité de la maison et c'est très utile pour jouer avec les lumières. Un écrin noir où l'on ne voit que le corps de la fille. Mais attention, on est dans un spectacle qui, comme j'aime le dire, parle plus à la tête qu'au pantalon. »

D'ailleurs, depuis qu'Andrée a pris les rênes, on voit de plus en plus de groupes de filles venir assister au spectacle. « J'appelle cela le syndrome *Sex in the City* ou encore néo-féministe. Ce sont des femmes libres qui s'assument tant dans leur vie que dans leur sexualité et leur sensualité. Elles ont beaucoup de plaisir à venir passer des soirées ici. »

Et pour cause, au Crazy Horse, contrairement à ce qui se passe dans une salle de strip-tease quelconque, le pouvoir est sur la scène, du côté des femmes, et non dans la salle. Une intention renforcée par la mise en scène de Philippe Decouflé qui a instillé un souffle artistique nouveau au cœur de la revue. Il suffit de quelques secondes pour comprendre : le spectacle est beau, chic, élégant, graphique et avant-gardiste. Ce n'est pas un hasard si Andrée a su transformer une enseigne en perte de vitesse en une nouvelle adresse qui se doit d'être *the place to be*, en perpétuelle évolution.

Andrée Deissenberg vient du Cirque du Soleil. De nationalité franco-américaine, elle a d'abord été attachée de presse puis a, naturellement et rapidement, grimpé les échelons jusqu'à être responsable du lancement des premiers spectacles en France et en Italie. Une étape majeure pour la compagnie canadienne, qu'elle a réussi à imposer grâce à son professionnalisme, son sens aigu du détail et son excellent relationnel.

Quand, en 2006, un chasseur de têtes lui propose de prendre les commandes du Crazy Horse, elle n'hésite pas longtemps. Le défi est immense : « Dépoussiérer et faire évoluer la belle endormie. Tant dans la gestion, que dans l'artistique, ou encore dans l'organisation. Heureusement, je ne me rendais pas compte de l'ampleur de la tâche. La naïveté est utile, parfois. Mais aujourd'hui je m'éclate et il y a encore tant à faire », reconnaît-elle dans un sourire.

De son ancienne maison, elle a gardé un intérêt pour les artistes, une capacité à penser autrement, à ne jamais s'endormir et surtout, une rigueur et un bon sens nord-américains qui manquaient au cabaret. « C'était un peu la maison où tout fonctionnait sur des exceptions, confie-t-elle. C'est sympathique comme idée, mais il était temps de mettre un peu d'ordre. »

Premier objectif d'Andrée : évaluer le potentiel d'attraction du cabaret sur le public. En 2006, elle invite donc Dita von Teese à participer au spectacle. L'artiste américaine, une pin-up du XXIe siècle, est alors plus connue pour son mariage avec Marilyn Manson que pour ses qualités propres. Toujours est-il que le succès est immédiat.

« Cette expérience a été très positive pour nous tous. Dita a pu montrer ses qualités artistiques, car c'est une véritable artiste avec un univers bien à elle. Elle a donc fait un bond dans sa carrière et nous, nous avons vu que nous pouvions faire revenir le public au Crazy. »

À partir de là, les transformations ont pu commencer. Il a fallu repenser la salle, la technique, puis le spectacle. « Il ne s'agissait pas de faire une révolution, mais bien de procéder à une évolution. En même temps, nous étions sur tous les fronts à la fois. Pas facile, mais cela a fini par être une réussite. »

Après Dita, c'est Arielle Dombasle qui est venue surprendre le public. Son audace lui a valu les projecteurs de tous les médias avec, entre autres, la couverture de *Paris Match* où on la découvre sublimement dénudée. Une couverture que l'on retrouve affichée en bonne place dans les coulisses du cabaret.

« Là aussi l'expérience a été fantastique. Nous avons utilisé son album de l'époque, qui a été une source d'inspiration pour nous, et vraiment, l'échange a été riche. »

À cette même époque, Decouflé s'immerge dans la vie du cabaret, collabore avec les danseuses. « Je l'ai choisi car je le connaissais, et je savais que son univers et le nôtre pouvaient très bien fonctionner ensemble. Depuis longtemps, les filles réclamaient un metteur en scène homme et hétéro. Elles avaient envie d'un vrai regard masculin. La plupart du temps, elles l'ont suivi, d'autres fois non, car danser, pour ainsi dire nue, nécessite quelques ajustements. Mais au final, le résultat, le spectacle *Désirs*, est un véritable succès. Philippe a su utiliser les nouvelles technologies, et les numéros sont époustouflants, comme celui d'une danseuse qui peint son corps avec de la lumière. Juste magnifique. »

Frederick Wiseman, célèbre documentariste américain, profite de ce travail pour poser sa caméra au cœur du Crazy Horse pendant plusieurs mois. Il termine sa trilogie sur le monde du spectacle après s'être immergé à l'Opéra de Paris et à la Comédie-Française. Son film fera le tour des festivals, offrant ainsi une consécration culturelle et mondiale à l'enseigne.

En 2009, Dita revient. Elle est alors au sommet de sa gloire et son retour fait parler du cabaret aux quatre coins de la planète. En même temps,

Andrée a décidé de mettre son savoir-faire du Cirque du Soleil au service d'une innovation : la mise en place de la tournée *Forever Crazy*. Dix danseuses présentent le spectacle de Taïpei au Liban en passant par l'Allemagne ou l'Espagne. Une formidable opération commerciale et de communication.

À Paris, deux fois par semaine, Andrée assiste au spectacle. Le reste du temps, elle veille aussi à voyager pour nourrir son inspiration, trouver des idées et continuer à faire évoluer la maison. Depuis, les stars affluent. Beyoncé y a tourné l'un de ses derniers clips. Et Christian Louboutin, le chausseur le plus *hype* d'Europe, collabore régulièrement à la création des costumes de scène. Des costumes réalisés sur place et sur mesure dans un souci de perfection absolue. Un seul principe : une esthétique graphique.

La troupe compte dix-sept danseuses. Chaque soir, elles sont douze sur scène. La sélection des danseuses est drastique, et les critères particulièrement stricts. Elles doivent mesurer entre 1,68 et 1,72 mètre et ne pas être maigres. « Nos danseuses font plutôt un 38 qu'un 34. Aucune chirurgie esthétique n'est tolérée, le corps doit être naturellement parfait. Et il faut bien sûr savoir danser. »

À la clé, un contrat à durée indéterminé qui courra tant que le corps répondra aux exigences du cabaret.

« Les filles ont entre dix-huit et trente-neuf ans. Elles sont pesées chaque semaine. Elles font du sport si elles veulent. À partir du moment où le corps correspond à nos critères, elles sont libres de l'entretenir comme elles le souhaitent. »

Une fois le contrat signé, il faut compter entre quatre et cinq mois de formation pour maîtriser le style de la maison.

« En fait, on déstructure tout ce que la jeune femme a appris en danse auparavant, pour la restructurer ensuite afin qu'elle sache bouger dans le style Crazy. À savoir artistique et graphique. »

Étape suivante, la coupe de cheveux, décidée en collaboration avec la danseuse et la direction. La couleur doit être franche. Brune, blonde, rousse, mais pas de dégradé ou de mèche. La coupe doit être nette et graphique également.

Dernière étape, le nom de scène. La direction le propose, la danseuse peut refuser une proposition, mais pas deux. Ainsi, Daisy Blue, Zula Zazou, Jade Or ou encore Mika Do sont devenues des girls du Crazy à part entière à partir du moment où elles ont été rebaptisées. Une tradition immuable, comme pour Lova Moor en son temps.

« On s'aime beaucoup, avec Lova. C'est une femme d'une gentillesse incroyable. Elle vient régulièrement nous voir. » Parmi les autres visiteurs réguliers, on compte Patricia Kaas ou Jean

Paul Gaultier, qui y trouvent, l'un et l'autre, une forme d'inspiration.

Andrée protège l'histoire du cabaret comme un trésor. Le bureau d'Alain Bernardin, un véritable écrin de velours rouge, est intact, avec sa collection de vinyles et ses livres d'or. C'est ici qu'Andrée aime recevoir les journalistes. La pièce est petite, tout comme les coulisses et les loges.

« Ici, on est devenu experts en optimisation d'espace, mais on n'a pas véritablement le choix et cela fait partie du charme. »

Les invitées exceptionnelles sont toujours séduites par l'ambiance des lieux. Noémie Lenoir ou Clotilde Courau n'ont pas échappé à la règle. D'autres beautés célèbres devraient, tôt ou tard, venir danser sur cette minuscule scène légendaire. En attendant, Andrée a sans cesse de nouvelles idées et de nouveaux champs d'exploration. Curieuse, ambitieuse, elle n'a d'ailleurs pas hésité à proposer ses services à l'émission *La France a un incroyable talent*, où elle est devenue jurée. Un atout charme qui, ce n'est pas surprenant, a séduit les téléspectateurs.

Crazy Horse
12, avenue George-V
75008 Paris
Tél. : 01 47 23 32 32
www.lecrasyhorseparis.com

13

Le salon de thé Ladurée de la rue Royale

8e arrondissement

On a souvent l'impression que les macarons Ladurée existent depuis l'époque de Marie-Antoinette. Il n'en est rien. C'est une création bien plus récente dont le destin est intimement lié à celui d'un salon de thé de la rue Royale. Une histoire qui va prendre un tournant inattendu lorsque, dans les années 1980, un jeune homme, Nicolas Holder, vient chaque dimanche boire un chocolat chaud en famille. Tombé amoureux des lieux, il va décider de lui donner un nouveau souffle...

C'est en 1862 qu'un certain Louis Ernest Ladurée ouvre une boulangerie au 16, rue Royale. Il veut une enseigne élégante pour cet emplacement idéal. À cette époque, la Madeleine est un quartier d'affaires en plein développement où les plus grands artisans du luxe français se sont déjà installés. Jules Chéret, à qui on commande la décoration de la boulangerie, réalise d'importantes peintures murales ayant pour source d'inspiration la chapelle Sixtine, mais aussi les décors de l'Opéra Garnier qui sont en train d'être finalisés à quelques rues de là.

Offrant des produits de qualité, la boulangerie peut compter sur une clientèle fidèle jusqu'à ce jour funeste où la boutique est ravagée par un incendie. Louis Ernest Ladurée y voit une opportunité d'améliorer son enseigne. Il la rénove avec goût et décide de diversifier son activité pour proposer toute une gamme de pâtisseries. Les recettes sont bonnes et le bouche-à-oreille assure son succès pour les années suivantes.

Au début du XXe siècle, le contexte évolue. Paris est pris d'une frénésie de divertissements. Les Parisiens se précipitent aux expositions universelles. Les femmes aspirent désormais à avoir une vie sociale en dehors des cercles et des salons littéraires, qui tombent en désuétude. Jeanne Souchard, l'épouse de Louis Ernest Ladurée, comprend que c'est le moment de faire encore une fois évoluer l'enseigne. Elle décide d'allier la convivialité d'un café parisien et le service de leurs célèbres pâtisseries. Elle donne ainsi naissance à l'un des tout premiers salons de thé de la capitale. Une idée de génie car les femmes peuvent venir y passer du temps sans entacher leur réputation. L'atmosphère cosy et résolument chic des lieux attire rapidement tout le beau monde du quartier de la Madeleine mais aussi des Champs-Élysées et même de l'Opéra.

Quelques années plus tard, le salon de thé rajoute à sa carte une petite nouveauté :

le macaron. Pierre Desfontaines, petit-cousin de Louis Ernest Ladurée, a eu la bonne idée d'accoler deux coques de biscuits et d'y glisser une savoureuse ganache. Le macaron parisien était né. Ce petit gâteau fait rapidement des amateurs, sans pour autant être la star pâtissière que l'on connaît aujourd'hui.

Il faut attendre l'arrivée de Nicolas Holder, un jeune homme excentrique, pour changer la donne. Il est issu de la dynastie Holder à qui on doit, entre autres, les boulangeries Paul. Il adore ce salon de thé Ladurée où, enfant, il venait le dimanche en famille. Il aime son décor suranné, cette atmosphère Marie-Antoinette.

Dans les années 1990, il décide de l'acheter. Il a dans l'idée de faire de Ladurée une marque. Aujourd'hui, le pari est plus que réussi : Ladurée est un groupe de mille employés présent sur les cinq continents. Un véritable empire dont la clé de voûte est ce fameux macaron.

Car c'est bien là le véritable coup de génie de Nicolas Holder. Rapidement, il pressent que cette petite gourmandise pourrait séduire bien plus de monde. La recette est simple, les biscuits à l'amande sont les mêmes, il suffit de varier les garnitures. La ganache peut être remplacée par des mousses de citron, vanille, fruits rouges. Les possibilités sont infinies. Ses cuisiniers, parmi lesquels un certain Pierre Hermé, s'activent alors pour imaginer une gamme de parfums originaux et sans cesse renouvelée. Pendant ce temps, Nicolas va s'évertuer à fabriquer un passé à la marque.

Il commence par créer un salon de thé sur les Champs-Élysées et le fait décorer par Jacques Garcia dans l'esprit historique du salon de la rue Royale. Avec un style inspiré de l'Empire, les lieux semblent au moins aussi anciens que la plus belle avenue du monde.

Puis, il décide d'ouvrir un salon de thé rive gauche et pour cela, il réalise un second coup de maître : il achète un lieu mythique dont il va s'approprier l'histoire. Il s'agit de la toute première boutique de décoration de la capitale : le magasin de Madeleine Castaing, la plus grande décoratrice du XXe siècle. Muse de Soutine, scandaleuse romanesque de la jet-set, Madeleine Castaing a été à la décoration ce que Chanel a été à la mode. Celle par qui tout change et tout vole en éclats. À une époque où les styles se devaient d'être uniformes : Louis XVI, Régence, Napoléon III ou Louis-Philippe, elle ose, elle invente une sorte de *mix and match*.

Du style Napoléon III, elle garde les meubles sombres, puis elle y ajoute des imprimés panthère, des antiquités anglaises, des bricoles de cabinets de curiosités, des oiseaux empaillés, des sculptures de prix. Elle raconte des histoires, crée des décors, s'inspire des couleurs du folklore russe.

Quand elle ouvre sa boutique rue Bonaparte, Paris ne parle que d'elle. Surtout que la dame a des lubies et du goût à revendre. Votre tête ne lui plaît pas ? Elle ne vous laissera rien acheter. Parfois, elle refuse de se défaire d'une pièce et il faut revenir plusieurs fois pendant des mois pour la faire fléchir. Son magasin est mis en scène comme un appartement et les clients raffolent de cette sensation d'entrer dans son intimité. Un lieu à vivre, à explorer, à investir.

Alors, quand Nicolas Holder voit cette ancienne boutique à vendre, il sait qu'il tient le maillon fort de l'histoire qu'il veut inventer. Il engage une décoratrice qui connaît Castaing sur le bout des doigts pour restaurer les lieux dans les règles de l'art. Tradition, bon goût et originalité, l'équation est parfaite pour l'image de la marque. Holder en fait même une signature : « L'histoire d'aujourd'hui dans un écrin. »

Soucieux des moindres détails, humant l'air du temps, il a l'idée de mettre en scène ses macarons. Pour les positionner comme des objets de luxe et de désir, il décide qu'ils seront vendus dans des coffrets dignes des plus beaux flacons de parfum et des plus sublimes boîtes à bijoux.

Enfin, Holder pressent qu'il faut séduire les magazines de mode et de déco pour toucher une clientèle nouvelle. Et il voit juste, car en un temps record, les *foodistas* et les *fashionistas* vont s'enticher de ce petit gâteau aussi délicieux pour les yeux que pour les papilles. Toutes les autres marques n'auront plus qu'à emboîter le pas.

Peu à peu, Ladurée ouvre des salons de thé et des magasins en Grande-Bretagne, au Japon, aux États-Unis, en Suisse, en Italie, en Arabie saoudite, au Liban. Chaque enseigne est différente mais reprend les mêmes codes décoratifs. Une pincée de la rue Royale et ce qu'il faut du style de Madeleine Castaing pour faire de chaque endroit un décor idéal aux feux d'artifice de délices.

Mais Ladurée va aussi bénéficier dans son ascension de quelques coups de pouce extraordinaires. Ainsi, Sofia Coppola décide de faire du macaron Ladurée un accessoire phare de son film consacré à Marie-Antoinette. Lorsque le film est présenté au Festival de Cannes, la Croisette s'enflamme instantanément pour cette gourmandise si joliment mise en scène. Le monde entier suit l'engouement, persuadé que la reine de France était une grande amatrice des macarons. Un mythe était né.

Ladurée
16, rue Royale
75008 Paris
Tél. : 01 42 60 21 79
et
21, rue Bonaparte
75006 Paris
Tél. : 01 44 07 64 87
www.ladurée.com

Sur les pas de Madeleine Castaing

Quand Véronique et Aurore ont ouvert un magasin d'antiquités au 54, rue de l'Université, dans le 7e arrondissement, elles ont eu l'idée de faire une exposition sur le thème de Madeleine Castaing.

Elles avaient trouvé plusieurs trésors lui ayant appartenu et aimaient l'idée de se glisser dans son style. Elles pensaient changer de thématique au bout d'un an, mais c'était sans compter le succès colossal rencontré. Les journaux se sont entichés de cette nouvelle adresse, les fans de la décoratrice se sont bousculés, de nouvelles découvertes sont venues enrichir les collections.

À l'intérieur, bien plus qu'un magasin, c'est une maison dans laquelle on a l'impression de pénétrer. Un foyer même. On s'attendrait presque à entendre la voix de la décoratrice surgissant du jardin d'hiver. « Je fais des maisons comme d'autres des poèmes », disait Madeleine Castaing. Et force est de constater qu'il y a de la poésie dans ses aménagements, son goût de la curiosité, ses papiers peints aux décors exotiques, les oiseaux naturalisés ou encore les meubles Napoléon III mariés aux belles couleurs du folklore russe, les petits trésors chinés aux puces, la moquette en faux léopard inspirée de l'Empire. Madeleine Castaing était un esprit libre qui mélangeait les époques et les styles comme personne d'autre n'a su le faire. Une atmosphère parfaitement recréée dans la boutique.

Quant à Véronique et Aurore, elles ont de nombreuses anecdotes à raconter car elles ont eu la chance de connaître la grande décoratrice. Finalement, le thème d'exposition est devenu un parti pris définitif. L'inscription

« Sur les pas de Madeleine Castaing » restera donc sur la vitrine.

Toute la difficulté est maintenant de continuer à trouver des décors d'origine. La plupart ont été dispersés durant les années 1990 et 2000. « Il m'est arrivé une fois de découvrir tout un appartement décoré par Madeleine Castaing, suite au décès du propriétaire. C'est à la fois émouvant, fascinant et exaltant. Mais malheureusement tellement rare », explique l'une des antiquaires.

Expertes dans le style Castaing, Véronique et Aurore savent évidemment choisir des pièces qui auraient sans le moindre doute séduit la décoratrice. Une belle manière de perpétuer son esprit et son talent.

British Gallery Antique
54, rue de l'Université
75007 Paris
Tél. : 01 42 60 19 12
www.british-gallery.com

14

La Pagode, une enclave chinoise dans l'Ouest parisien

8e arrondissement

La première fois que l'on aperçoit la Pagode, cet imposant bâtiment d'architecture chinoise dans le très chic quartier haussmannien de la rue de Courcelles, on croit à un mirage. Il faut parfois deux ou trois passages pour véritablement croire en son existence. Certains disent que c'est un vestige de l'Exposition universelle de 1900, d'autres racontent que c'est une antiquité importée de Chine. Il n'en est rien mais son histoire n'en est pas moins extraordinaire.

On l'appelle aujourd'hui la Pagoda Paris. C'est grâce à l'œuvre d'une femme qu'elle existe encore : la baronne Jacqueline von Hammerstein-Loxten. Le bâtiment date de 1928. Assez ancien pour, dans les années 2000, exciter les promoteurs qui rêvaient de le raser pour ériger à la place un immeuble de standing moderne. Avec la même énergie que celle déployée par les premiers riverains pour combattre ce drôle de projet, quatre-vingts ans plus tard, les habitants des alentours se sont battus pour empêcher sa disparition : la Pagode était devenue l'âme du quartier.

La baronne Jacqueline von Hammerstein-Loxten a rencontré ce lieu par le plus grand des hasards. Allemande, elle a parcouru le monde et la quarantaine venue, c'est Paris qui a sa préférence. Elle partage sa vie avec un homme d'affaires français à l'envergure internationale. En 2010, il est le premier à découvrir ce bâtiment étrange alors en vente depuis dix ans. Il en tombe instantanément amoureux, frappé par une évidence : il faut sauver ce morceau d'histoire, ce condensé de vies. Les héritiers du fondateur, la famille Loo, sont dépassés par ce navire hors norme.

À l'extérieur, on pourrait presque croire à un décor de cinéma. À l'intérieur, des antiquités et des décors inestimables anciens de plusieurs siècles et issus de Chine ou des Indes. Qui peut vouloir acheter cela ? Et pour en faire quoi ? L'un des derniers locataires les plus emblématiques fut la maison Yves-Saint-Laurent qui, dans les années 1980, a loué les lieux pour le lancement de son parfum *Opium*. Vestiges de cette parenthèse chic et parisienne, de la moquette sombre partout, souvenir d'une époque où c'était le *must have* de la décoration.

Celui que Jacqueline appelle son partenaire décide d'acheter les lieux pour les sauver. Il ne sait pas encore comment cela sera possible mais il est certain d'une chose en revanche : la nécessité de les garder connectés à leur histoire. Il est sûr que l'âme de monsieur Loo habite encore la Pagode.

Monsieur Loo était le plus grand marchand d'art asiatique que le XXe siècle ait connu. Il a été le fournisseur principal du Metropolitan Museum of Art de New York et de la famille Rockfeller, et le musée Guimet des Arts asiatiques lui doit la majorité de sa collection actuelle. Un entrepreneur, un précurseur, un marchand hors pair. Il a tout simplement changé le cours de l'histoire de l'art asiatique.

« Alors que la France se passionnait pour des chinoiseries sans grand intérêt, cet homme a su lui faire découvrir les vraies antiquités chinoises, mais aussi à l'Amérique », explique Jacqueline.

Venu en France au début du siècle pour apprendre le commerce, il va en un temps record fonder un empire. Pas un conservateur, pas un musée, pas un collectionneur, pas un amoureux de l'Asie qui ne finisse par consulter monsieur Loo. Il vient d'une ancienne grande famille ruinée par les affres du destin. L'homme a un instinct infaillible et a su s'initier au monde de l'antiquité en un temps record.

« Certains lui ont reproché d'avoir pillé les trésors de son pays pour les diffuser aux quatre coins du monde, mais il faut reconnaître qu'avec la tournure qu'a prise l'histoire de Chine, beaucoup de ces merveilles auraient été détruites. En faisant des affaires, il a finalement sauvé un nombre incroyable d'œuvres », souligne Jacqueline.

Arrivé en France dans les années 1900, monsieur Loo est au zénith de sa carrière dans les années 1920. Il a fait découvrir le jade ancien et l'art sculptural chinois. En 1915, il a ouvert à New York une galerie qui connaît un succès colossal. Les musées ne le démarchent pas, c'est lui qui leur impose certaines pièces incontournables pour leurs collections. Il achète alors à Paris un hôtel particulier de style Louis-Philippe, bien placé rue de Courcelles, pour en faire sa vitrine. Il le surélève de deux étages et entame sa transformation en pagode asiatique. Si à l'intérieur, aujourd'hui, on y trouve encore quelques boiseries Louis-Philippe, témoins du passé de l'endroit, on est surtout fasciné par l'atmosphère si sereine qui y règne.

« Quand mon partenaire a acheté ce lieu, le jour de la signature il m'a donné les clés et m'a dit : "Voilà, c'est à toi de t'occuper de ce lieu. Je te fais entièrement confiance." Au début, j'étais choquée. La responsabilité était énorme. Qu'allais-je en faire ? Et puis je suis tombée amoureuse de ce bâtiment, j'y ai ensuite passé deux mois, seule, à en étudier les archives. »

2 000 livres d'art, 5 000 catalogues, 10 000 photos et surtout toute la correspondance de monsieur Loo. Il était méticuleux, il a conservé chacun de ses échanges, chacune de ses transactions qui permettent à Jacqueline de découvrir des décennies d'une aventure incroyable, mais aussi l'homme. C'est le coup de foudre.

Jacqueline aime l'entrepreneur. Elle admire le philanthrope discret. Elle s'émerveille de son intelligence. Elle s'amuse de son snobisme notoire. Car monsieur Loo avait pour habitude de jauger son interlocuteur, et seuls ceux qui passaient l'examen avec succès pouvaient monter les étages de la Pagode et accéder aux plus belles pièces.

Après ces deux mois d'immersion, Jacqueline commence à voir un projet se dessiner. Redonner aux lieux leur splendeur d'antan, retrouver cette place de trait d'union entre l'Europe et l'art asiatique. Faire ce que monsieur Loo aurait voulu aujourd'hui. Commencent alors quinze mois d'une restauration extraordinaire où elle côtoie les décors les plus subtils, les laques les plus précieuses, les boiseries les plus spectaculaires.

« Vous voyez cette pierre à l'entrée ? Peut-être ne l'aviez-vous même pas remarquée ? Eh bien, c'est la balustrade d'une tombe du VIe siècle. » Même l'ascenseur, merveille de technologie des années 1920, est un bijou, enchâssé dans des laques d'une qualité exceptionnelle.

Au fil des travaux de rénovation, le bâtiment n'a eu de cesse de séduire Jacqueline chaque jour un peu plus. Les moquettes fatiguées des années 1980 révèlent des planchers somptueux du XIXe siècle. Les étages supérieurs offrent une luminosité exceptionnelle. Jacqueline découvre que l'atmosphère sereine qui se dégage des lieux vient de l'utilisation pointue des principes du feng shui :

« Plus j'avançais et plus je découvrais que monsieur Loo n'avait absolument rien laissé au hasard. Alors je lui parlais, je lui demandais son avis pour avancer dans les travaux. J'avais une idée de plus en plus précise de ce qu'il aurait aimé, voulu, souhaité. »

Pour bien comprendre la philosophie et l'état d'esprit de l'homme, et sa culture, elle va jusqu'à prendre des cours de mandarin. Son professeur lui révèle quelques symboles incontournables des lieux. Comme ce prunier chinois que l'on retrouve représenté sur les laques mais aussi planté dans le jardin de la Pagode. Il représente la réussite dans les conditions les plus difficiles. Tout un symbole.

Si monsieur Loo, marié à une Française, a eu quatre filles, ses descendants se plaisent aujourd'hui à considérer Jacqueline comme la cinquième. Elle n'a pas seulement sauvé la Pagode et assuré son avenir, elle leur a aussi restitué des pans entiers d'une histoire qu'ils ignoraient. Aujourd'hui, les lieux ont vocation à accueillir des expositions en lien avec l'Asie, à être privatisés pour des événements qui ont du sens. Pas question d'en faire une machine à sous, Jacqueline ne perd pas sa mission de vue, elle veut sauvegarder la Pagode pour la transmettre aux générations futures.

La rencontre aussi improbable que magique entre un immigré chinois autodidacte et une baronne allemande. Une amitié profonde, née au-delà du siècle qui les sépare.

Pagoda Paris
48, rue de Courcelles
75008 Paris
Tél. : 01 45 61 06 93
www.pagodaparis.com

Entretien avec Jacqueline von Hammerstein-Loxten

KATIA CHAPOUTIER : Que représente pour vous la Pagode ?

JACQUELINE VON HAMMERSTEIN-LOXTEN : La Pagode est un symbole d'aboutissement. Je ne parle pas de la rénovation et de la renaissance du lieu auxquels j'ai eu la chance de participer, mais plutôt de sa construction et de l'incroyable *success story* de Ching Tsai Loo. Un immigré chinois qui, contre toute attente, réussit à devenir l'antiquaire le plus respecté et reconnu pour les arts asiatiques en Europe et aux États-Unis à son époque.
Partant du principe qu'il était arrivé en France en 1900, une époque où les Chinois étaient une curiosité en France et clairement pas les bienvenus, il a réussi à dépasser les innombrables difficultés et les obstacles liés à une vie dans un pays étranger.

Ching Tsai Loo ne venait pas d'un environnement privilégié et n'a pas reçu d'aide de son pays. Il a appris à parler parfaitement le français et l'anglais, et il a tenu une correspondance internationale dans ces trois langues jusqu'à la fin de sa vie.

La Pagode est un symbole et un monument qui doit nous rappeler que le travail acharné et la détermination sont la clé de la réussite et de l'accomplissement, mais aussi du respect et de l'admiration. Et cela se doit d'être un exemple pour les générations à venir.

K. C. : Quel y est votre meilleur souvenir ?
J. von H.-L. : En décembre 2012, j'ai reçu la médaille d'honneur de la Fondation Prince Louis de Polignac pour mon travail et la restauration de la Pagode. J'ai préservé un monument qui compte en France. Pour moi, cela a été un immense privilège travailler à la renaissance d'un bâtiment si extraordinaire.

K. C. : Quelle y a été votre rencontre la plus insolite ?
J. von H.-L. : Depuis que j'ai reçu les clés de la maison, en mars 2011, j'ai rencontré des gens incroyablement intéressants. À commencer par le petit-fils de Ching Tsai Loo, Joël Cardosi et son frère Michel, que je considère comme des amis proches. Joël m'a accompagnée dans les rénovations et ensuite il m'a aidée, à chaque fois qu'il a pu, dans tous les domaines de cette aventure. J'ai rencontré des journalistes, des collectionneurs, des critiques d'art et des conservateurs de musée mais aussi des gens du quartier et des visiteurs du monde entier qui sont venus visiter cette belle et légendaire Pagode. Ils avaient tous quelque chose en commun : l'admiration pour ce bâtiment et pour l'incroyable histoire de Ching Tsai Loo. Toutes ces rencontres ont été très précieuses et m'ont prouvé que l'art et la culture sont une langue universelle qui permet de traverser les frontières des quatre coins du monde.

• • •

K. C. : Quelle place la Pagode tient-elle dans votre vie ?

J. von H.-L. : C'est une partie très importante de ma vie et je suis très occupée à organiser de beaux événements dans le bâtiment. Nous organisons des expositions d'art contemporain asiatique, des dîners pour les collectionneurs privés et les entreprises, des tournages et des campagnes publicitaires mais aussi des programmes éducatifs et des documentaires. Nous accueillons également des défilés de mode, des mariages et aussi des shooting photos.

15

La phonogalerie : il était une fois le son

9e arrondissement

« Comment j'en suis arrivé à me passionner pour l'enregistrement sonore ? Par hasard, vraiment par hasard. Mais les plus belles choses arrivent toujours par hasard, non ? » sourit Jalal Aro. Le propriétaire de la Phonogalerie, un incroyable magasin musée, possède la plus grande collection de phonographes de France et probablement d'Europe, mais aussi tous les systèmes d'enregistrement de 1889 aux années 1980.

Jalal est un sage. Un homme au charisme indéniable, doté d'une foi inébranlable en la vie. Il est d'origine arménienne et a grandi en Syrie. Il a une histoire aussi jolie que son étonnant magasin musée de Pigalle qui réunit une fantastique forêt de pavillons de phonographes. Aujourd'hui, il vend, loue, restaure tout appareil d'enregistrement sonore de la fin de 1880 aux années 1980. Dans *La Môme* d'Olivier Dahan ou dans *Minuit à Paris* de Woody Allen, ce sont ses trésors que l'on peut voir. Des machines à remonter le temps au potentiel émotionnel majeur.

Il y a vingt ans, Jalal quitte Alep pour venir étudier en France. Il pense devenir prothésiste dentaire. C'est un manuel, un curieux, un bosseur. Le français, il l'a appris à l'école en Syrie. Tout se passe bien jusqu'à ce qu'il se retrouve en stage, coincé dans un laboratoire. Pour lui, c'est une évidence : « Je ne pouvais pas m'épanouir dans ce métier. Moi, j'aime le contact avec les gens et là, quand on travaillait, je me faisais l'impression d'être un cheval dans un box. Alors j'ai décidé d'arrêter. Pourquoi s'entêter si on sait que le bonheur n'est pas au rendez-vous ? »

La famille restée au pays n'apprécie pas vraiment ce changement de direction. Jalal demande un sursis de quelques mois à ses parents, histoire de voir ce que le destin dissimule dans sa besace. Un des copains du foyer où il loge lui suggère un moyen assez simple de gagner un peu d'argent : l'hôtellerie. « Par contre, il faut tout de suite viser haut », lui dit-il. Jalal n'a jamais été serveur. Qu'à cela ne tienne, les couloirs du foyer se transforment en école hôtelière chic et Jalal apprend le minimum vital pour aller postuler au Hilton. Une bonne humeur à toute épreuve, un sens du devoir lui permettent de faire des extra réguliers. Curieux, il explore les différents services, rencontre les différents corps de métiers. Il finira par devenir responsable de la mise en place du brunch du dimanche, un rendez-vous incontournable de l'hôtel.

Un autre copain lui suggère la figuration pour compléter ses revenus : « Envoie des CV à cette liste de boîtes de production. » Jalal aime le contact, il va les déposer en personne et les appels ne tardent pas. Sur la série *Pause-café*, le réalisateur remarque que le jeune homme file un coup de main aux accessoiristes en plus de sa pige. Il l'embauche sur la suite du tournage avec un emploi du temps aménagé pour qu'il continue ses extra au Hilton.

Jalal court dans tout Paris et il aime cela. C'est à peu près à cette époque que son chemin croise un phonographe dans une brocante. Émerveillé par l'objet, il l'achète. Une fois chez lui, il le démonte pour en comprendre le mécanisme. Il ressent alors une envie irrépressible d'en savoir plus : « J'ai découvert un livre et ce fut une révélation. Les phonographes, c'était comme la société. Il y en avait de toutes les sortes, de toutes les formes, des petits, des grands. Un monde s'ouvrait à moi. »

Tandis que cette passion naissante pointe son nez, Jalal joue encore avec le destin. Dans la rue Vivienne, il voit une superbe façade avec d'immenses baies vitrées. « Jean Paul Gaultier, je ne connaissais pas, mais le lieu me fascinait. Quand j'ai vu qu'ils cherchaient un vendeur, j'ai postulé. » Non seulement il a été pris mais il a de nouveau exploré les différents recoins de l'entreprise, est allé donner un coup de main en atelier, et de fil en aiguille a pris du grade dans la mode.

Jalal tombe amoureux d'une Danoise, Charlotte. Ensemble, ils passent pas mal de temps à chiner et, comme leurs boulots les font voyager, ils cherchent ici ou là tout ce qui est en lien avec les phonographes. Une sorte de collection prend forme. Jalal apprend à les réparer ou à trouver les bons interlocuteurs pour le faire quand c'est trop compliqué. Et peu à peu naît l'idée d'en faire un métier, un mode de vie.

« Quand à Amsterdam ou à Londres, j'entrais dans des magasins spécialisés, on ne me prenait pas au sérieux parce que j'étais jeune. Et moi, je rêvais d'ouvrir un lieu autour de l'enregistrement sonore mais qui serait dénué de préjugés. Pas un lieu de commerce mais un lieu de passion. »

Le hasard viendra frapper à sa porte sous la forme d'une imposante collection de phonos dont la vente avait été confiée à Alain Vian, le frère de Boris. « À l'époque, cela devait valoir dans les 300 000 francs. Tout ce dont j'avais rêvé était là sous mes yeux. Charlotte et moi avions un plan épargne logement. On s'est dit que des appartements, il y en aurait toujours, mais cette collection-là… elle ne se présenterait qu'une fois à nous. » Et c'est ainsi qu'a vraiment commencé l'aventure de la Phonogalerie.

Aujourd'hui, dans la petite rue Lallier, près de Pigalle, ce sont 100 m^2 de voyage extraordinaire à travers le temps que proposent Jalal et son épouse Charlotte. Tout d'abord un bonheur pour les yeux, car les appareils sont plus beaux les uns que les autres. Ici un incroyable pavillon en bois, là des meubles à musique Art nouveau, partout des affiches publicitaires incroyablement colorées du début du xxe siècle.

Ce jour-là, Jalal vient de se faire livrer son dernier trésor : le meuble à musique de Maurice Chevalier. Une enfilade en bois dans laquelle on trouve les tiroirs à disques, à bandes magnétiques, les platines et le plus émouvant : le mode d'emploi écrit par le secrétaire personnel de l'artiste. L'objet est prêt à livrer ses secrets. « Je l'ai acheté aux enchères avec la collection de disques de Maurice Chevalier. C'était très important pour moi que ces différents lots ne soient pas vendus séparément. Cet homme a passé des années à réunir tout cela, je veux absolument prolonger sa vie. La spéculation ne m'intéresse pas, ce qui m'intéresse c'est que tout cela nous survive. »

Quand Jalal restaure des phonographes, il les garantit à vie. « Un de mes clients est revenu l'autre jour. Il avait acheté un phonographe il y a trois ans et l'engin avait besoin d'une petite réparation. En travaillant dessus, j'ai compris que le client se servait de l'appareil, deux à trois fois par jour. Je trouve cela fantastique. »

Loin de lui l'idée d'avoir un musée figé, même s'il travaille à un projet d'exposition permanente pédagogique. L'objectif est de partager une émotion grâce à l'écoute de la musique. Jalal se faufile dans le magasin, prend un cylindre en cire, l'installe sur un appareil, remonte la manivelle, tend des écouteurs qui ressemblent à un stéthoscope.

Un air de musique qui fait partie de l'inconscient collectif. Un grésillement. La magie est totale :

« La première fois qu'on l'a fait écouter aux Parisiens, c'était à l'Exposition universelle de 1889. Sous la tour Eiffel. On avait prévu des écouteurs pour que les gens entendent mieux, et aussi pour ne pas diffuser au plus grand nombre et ainsi perdre un moyen de gagner plus d'argent. À l'époque, cela paraissait insensé, voire impossible, d'entendre une voix sans voir la personne. » La presse de l'époque parle de sorcellerie, de tricherie, de ventriloque potentiellement caché. Mais les forains y voient une opportunité d'attraction. Et en particulier, un certain Charles Pathé, qui ne tardera pas à distribuer les appareils de monsieur Edison auprès de ses confrères. Il sera aussi l'un des premiers à distribuer les cylindres. Puis les disques, plus simples d'utilisation. Quand les premiers disques apparaissent, on ne peut en presser qu'un à la fois. Pour enchaîner les enregistrements, on est obligé de changer d'interprète régulièrement. Et peu importe sa renommée, on lui demande surtout d'avoir du coffre : il faut chanter fort pour que l'enregistrement fonctionne. Puis on a l'idée d'enregistrer avec plusieurs engins à la fois. Et même de faire des gradins pour aligner autant d'appareils d'enregistrement que possible, sachant que ceux qui sont plus loin auront un son de moindre qualité et que les enregistrements seront donc vendus moins cher. En cette fin de XIXe siècle, l'électricité révolutionne Paris, elle symbolise la modernité et l'avenir. Donc ces appareils qui capturent le son et la voix sont naturellement électriques jusque dans les années 1910, où naît l'idée d'utiliser des moteurs à ressort, qui se remontent. Dès lors, les appareils commencent à se démocratiser. On imagine même des versions miniaturisées, de voyage. Le phonographe va naturellement trouver sa place dans les salons comme, quelques décennies plus tard, la télévision. On imagine des meubles pour les intégrer au décor de manière élégante, Empire, Louis-Philippe, Art nouveau, selon le style de la maison. Le couvercle permet d'atténuer le grésillement lié au frottement. Puis on invente des moyens de cacher le pavillon à l'intérieur du meuble.

Dans les années 1930, l'électricité redevient incontournable puis dans les années 1950, la technologie du transistor prendra naturellement le relais.

La Phonogalerie préserve un secret. Celui de la magie et de l'émotion. Voir un film des frères Lumière, c'est découvrir un monde disparu, entendre un enregistrement ancien de cent ou cent vingt ans. Forcément, on ne peut que rêver d'emporter chez soi une de ces fantastiques machines à remonter le temps.

Phonogalerie
10, rue Lallier
75009 Paris
Tél. : 01 45 26 45 80
www.phonogalerie.com

Entretien avec Jalal Aro

KATIA CHAPOUTIER : Que représente pour vous la Phonogalerie ?
JALAL ARO : Une aventure humaine. La réunion du génie artistique musical de toutes les époques et de tous les genres, sans aucune restriction et sans aucune frontière.

K. C. : Quel y est votre meilleur souvenir ?
J. A. : Je n'ai pas de meilleur souvenir mais j'ai des bons souvenirs. De ma jeunesse insouciante qui, certes, n'a rien à voir avec la Phonogalerie, aux différentes rencontres, aux différentes découvertes, à tout ce que j'ai pu connaître dans le cadre de la Phonogalerie... la liste de ces bons souvenirs est longue. Mais le plus important pour moi, ce ne sont pas les souvenirs mais le présent, qui deviendra inéluctablement le passé avec ses souvenirs.

K. C. : Quelle y a été votre rencontre la plus insolite ?
J. A. : Les gens qui viennent à la Phonogalerie sont quasiment tous des passionnés et ont donc tous un côté insolite.

• • •

• • •

K. C. : Quelle place la Phonogalerie tient-elle aujourd'hui dans votre vie ?

J. A. : Avec ma famille (j'ai quatre enfants), la Phonogalerie occupe une place centrale. J'ai fait de ma passion un travail et aussi un plaisir. J'ai une approche très ouverte et je ne suis pas dans l'attente d'un retour lorsque je fais les choses. J'aime les faire le mieux possible, et mon plaisir est de voir la satisfaction des autres, qui, un jour, bien souvent, vous le rendent d'une manière ou d'une autre. Autre point très important, ma liberté dans la manière de faire les choses et surtout le moment de les faire, dans une approche qui n'est pas uniquement commerciale.

16

L'Opéra Garnier, l'œuvre d'une vie

9e arrondissement

Gilles Djerouane est le Georges Clooney de l'Opéra Garnier. Bel homme, la cinquantaine souriante, il est ce que l'on appelle le « responsable de l'intérieur » du bâtiment. Une sorte de surintendant de luxe qui trouve une réponse sereine et sensée à toutes les problématiques des lieux, mais surtout, qui en connaît les aspects les plus mystérieux...

En 1966, Gérard Oury s'empare d'un des fantasmes de l'Opéra Garnier pour son film *La Grande Vadrouille*. Alors que depuis près d'un siècle, on murmure qu'il existe un lac dans les sous-sols du bâtiment, le réalisateur imagine une scène où Louis de Funès s'enfuit à bord d'une barque pour rejoindre la Seine. L'image est saisissante. Et la légende devient réalité pour des millions de spectateurs.

« En réalité, il s'agit en fait d'un réservoir. Il contient 6 000 m^3 d'eau, soit l'équivalent de deux piscines olympiques. Et il a pour vocation de lester le bâtiment, qui a été érigé sur une nappe phréatique. Construit en trois parties, la cage de scène au centre était trop légère pour asseoir la construction. Alors Charles Garnier a eu l'idée géniale de concevoir ce réservoir qui stabilise le bâtiment. Et depuis un siècle et demi, rien n'a bougé », explique Gilles Djerouane.

Lorsque l'on pénètre dans les sous-sols, on est surpris de découvrir que le bassin n'est pas à découvert. Ce n'est pas une piscine à proprement parler mais bel et bien un réservoir d'eau auquel on accède par une trappe. Unique en son genre à Paris, il est le lieu d'entraînement privilégié des pompiers des brigades subaquatiques, qui viennent simuler des plongées de sauvetage.

Ces *happy few* sont les seuls à pouvoir apprécier un aspect bien particulier du talent de Garnier. En effet, l'architecte, perfectionniste à l'extrême, ne s'est pas contenté d'un simple bassin : il y a construit des voûtes romanes de toute beauté… qui ne sont visibles que lorsque l'on plonge. Et dans cette atmosphère hors du temps, il n'est pas rare que les plongeurs croisent quelques carpes : brigade de pompiers de l'Opéra a eu l'idée pour le moins surprenante de démarrer un petit élevage. Quand Gilles passe par les sous-sols, il aime toujours jeter une petite pincée de nourriture pour poisson afin de s'offrir un ballet subaquatique tout à fait intimiste.

Il est une autre chorégraphie dont les employés de l'Opéra raffolent : la descente du lustre de la salle de spectacle. Deux fois par an, on active le mécanisme dissimulé dans le plafond pour faire descendre ce trésor de 8 tonnes constitué de bronze, d'opaline et de cristal de Bohême. Une fois le lustre au sol, les électriciens procèdent délicatement au remplacement de ses 323 ampoules. Puis, lentement, délicatement, le lustre se hisse à nouveau pour retrouver sa place au cœur du plafond signé Marc Chagall.

Quand, dans les années 1960, André Malraux commande à Chagall un décor pour l'Opéra, le peintre hésite longuement. Le chantier est colossal et l'homme commence à être âgé. Et surtout, il sait le pari risqué. Car il faut bien toute l'audace d'un Malraux pour oser mélanger la peinture contemporaine et le décor de Garnier. Mais l'ampleur du défi enthousiasme Chagall. Comme toujours quand il s'agit de réaliser des grands formats, le peintre va mêler sa propre histoire à la grande. Puis, dans un geste de belle générosité, il refuse de recevoir une rémunération pour son travail. Il estime qu'il doit tant à la France qu'il est temps de la remercier.

Comme les esprits chagrins s'opposent au projet, l'Opéra décide qu'il serait peut-être judicieux de garder l'ancien décor en place sous l'œuvre de Chagall. Aujourd'hui, la fresque originelle attend sagement d'être, peut-être, un jour remise au goût du jour. Une initiative qui nécessiterait une imposante campagne de restauration, car l'œuvre est, dit-on, entièrement noircie par les fumées du système d'éclairage au gaz. Au départ, Charles Garnier a prévu 8 000 becs de gaz pour assurer l'éclairage du bâtiment. Néanmoins, visionnaire, il sait que d'autres techniques remplaceront sans tarder le système. Il imagine donc déjà des emplacements supplémentaires qui permettront quelques années plus tard d'installer des fils électriques. On comptera alors 6 000 lampes à incandescence. Ce qui fera dire à un journaliste admiratif que l'Opéra Garnier détient « la plus belle des installations électriques des théâtres du monde entier ».

La salle de spectacle compte 2 041 fauteuils, dont la plupart sont d'origine, à savoir de 1875. Recouverts du velours rouge mythique de l'Opéra, ils sont bichonnés par des menuisiers maison, qui ont leur atelier à quelques pas de la salle. Dignes héritiers des meilleurs artisans qui ont réalisé un opéra qui a été, par la suite, copié aux quatre coins du monde.

Intéressons-nous au début de l'histoire du lieu. Napoléon III désire faire construire un nouvel Opéra. Pour la première fois dans l'histoire de l'architecture française, un concours public est organisé. Les propositions affluent. L'une retient l'attention. Certes, les projets sont anonymes, mais ce projet ne peut être incontestablement que celui de Viollet-le-Duc. Son style est suffisamment fou et éclectique pour porter la signature de l'architecte dont la haute société s'est entichée. Naturellement, c'est cette proposition qui décroche le contrat et là, surprise : il s'agit en réalité du travail d'un quasi-inconnu, un certain Charles Garnier. Aussi génial que mégalomane, il souhaite construire un bâtiment qui chante, qui danse, qui soit un spectacle à lui seul. Il imagine une façade aux marbres multicolores, un grand foyer où, pendant l'entracte, hommes et femmes des différentes classes sociales se côtoieraient. Une idée insensée pour l'époque qui a, naturellement, su choquer la société bien-pensante parisienne.

Charles Garnier désire aussi installer des mosaïques partout. Une technique pourtant onéreuse et complexe. Qu'à cela ne tienne, les artisans artistes inventent une méthode de pose qui permet de préparer le dessin au sol, sur papier, pour ensuite pouvoir coller toutes les tesselles presque en un seul geste. Cette innovation va relancer l'art de la mosaïque en France, mais aussi en Europe et même aux États-Unis. Et c'est grâce à cette innovation que la mosaïque va devenir le moyen d'expression préféré des décorateurs de la Belle Époque. D'ailleurs, lorsqu'on observe bien le grand foyer, on peut y déceler des motifs résolument Art nouveau, étonnamment précurseurs.

Avec trente-cinq lauréats du prix de Rome pour le seconder, Charles Garnier ne laisse rien au hasard. Et il va plus loin qu'aucun architecte de son temps. Sur les toits, dans des endroits qui ne sont accessibles que par des échafaudages, il veut aussi des sculptures. Et peu importe si personne ne les voit, lui sait qu'elles existent. Il tient à réaliser le plus bel opéra que l'on n'ait jamais vu.

Le chantier prend bien sûr du retard. Il coûte cher, trop cher. Peu importe, l'architecte ne lâche rien, ce sera l'œuvre de sa vie.

Derrière la scène, il réalise un foyer de la danse pour les ballerines, un lieu somptueux, méconnu du public. Au XIXe siècle, les hommes de la haute société ont la possibilité d'y jeter un coup d'œil pour admirer les jeunes filles. Peu argentées, celles-ci se laissent parfois approcher pour un peu plus de confort matériel. De là viendra l'expression « avoir une danseuse ».

Entre le manque d'argent et les inévitables retards du chantier, Napoléon III n'est plus aux commandes quand vient le moment de l'inauguration, et Garnier est tombé en disgrâce auprès du nouveau régime en place. Il n'est même pas invité à l'ouverture. L'architecte devra s'acheter, lui-même, son billet d'entrée. Un désagrément largement compensé par l'ovation qu'il reçoit, finalement par un public massé dans l'escalier d'honneur.

Aujourd'hui, l'Opéra Garnier reste, avec le théâtre du Bolchoï, la plus célèbre scène de ballet classique. Son allure, sa programmation en font une référence aux quatre coins de la planète.

Avec une particularité qui fait rêver toutes les danseuses : c'est le seul théâtre au monde où les loges sont attribuées de manière permanente aux danseuses étoiles. Un petit chez-soi, au cœur du temple de la danse. Garnier avait pensé à tout.

Opéra Garnier
8, rue Scribe
75009 Paris
Tél. : 01 71 25 24 23
www.operadeparis.fr

Entretien avec Gilles Djerouane

KATIA CHAPOUTIER : Que représente le Palais Garnier pour vous ?
GILLES DJEROUANE : C'est un palais, un temple, que dis-je, l'opéra avec un grand O ! S'il est un bâtiment dont on tombe amoureux, c'est bien lui. Il dégage une atmosphère, une harmonie par laquelle on est complètement happé. Il révèle à chaque couloir, au coin de chaque escalier de nouvelles perspectives, raconte de nouvelles histoires. Bref, le Palais Garnier représente pour moi, avec, peut-être, l'abbaye du Thoronet, le bâtiment qui me transporte et m'émeut à chaque instant.

K. C. : Quel y est votre meilleur souvenir ?
G. D. : Certainement la mise au monde d'une petite fille, aux quatrièmes loges jardin, durant une représentation.

• • •

• • •

K. C. : Quelle y a été votre rencontre la plus insolite ?
G. D. : C'est en fait une situation : je m'engouffre dans l'ascenseur. Je tombe nez à nez avec Rudolf Noureev. Puis quelqu'un arrive derrière moi, c'est Maurice Béjart. Tous deux descendent au niveau du plateau. J'ai passé vingt secondes avec les deux monstres sacrés de la danse du XXe siècle et je ne m'en suis toujours pas remis !

K. C. : Quelle place le Palais Garnier tient-il dans votre vie ?
G. D. : Une place immense : c'est un peu mon second chez-moi et ma maîtresse immobile.

17

Les Galeries Lafayette, le plus beau magasin du monde

9e arrondissement

Johanna Zanon travaille dans le bureau le plus mystérieux des Galeries Lafayette. Elle est en charge d'une mission particulièrement méconnue du magasin. Installée au fond d'un dédale du 7e étage des Galeries Lafayette Haussmann, elle doit classer et archiver plus d'un siècle d'histoire. Il s'agit de recenser tout ce qui raconte les événements incroyables de l'un des plus fabuleux magasins au monde : objets, photos, publicité, comptabilité, lettres et mille autres merveilles.

Pour Johanna, c'est un défi. Elle doit imaginer un système de classement et d'organisation qui fasse sens. Quel que soit le thème de la recherche, on doit trouver son bonheur. Un challenge ? Ce n'est rien de le dire, il suffit qu'elle vous emmène dans l'une des nombreuses salles d'archives pour que vous mesuriez l'ampleur de la question.

« Ici, par exemple, vous avez des dizaines d'années de livres de comptes. » Certains sont tellement anciens qu'ils ressemblent à des grimoires. « Sur ces étagères, vous voyez des objets en céramique réalisés par des artistes célèbres dans les années 1930. Une production exclusive pour les Galeries Lafayette. »

Un peu plus loin, Johanna ouvre un classeur : « Voici des dossiers que je trouve particulièrement fascinants. Ce sont toutes les notes de service émises par la direction. Prenez celle-ci, par exemple : 7 juillet 1915. On demande aux vendeurs de cesser de prétexter la guerre pour dire que certains articles ne sont pas disponibles. On exige des employés une réponse affirmative et ensuite qu'ils fassent leur possible pour répondre à la demande. »

Et pour cause, Théophile Bader et Alphonse Kahn, les deux cousins fondateurs de l'enseigne, avaient bâti leur réussite et leur réputation sur l'idée que l'on trouvait absolument tout aux Galeries Lafayette. Et selon eux, il était capital que la Parisienne comprenne bien que c'était à cette adresse-là, et nulle part ailleurs, qu'elle trouverait ce que l'on appelait, en ce temps-là, des articles de haute mode et haute nouveauté. Avec des prix raisonnables et des produits de qualité, assurait-on. À l'époque, le magasin comportait 96 rayons. Le livre *Galeries Lafayette, légende d'un siècle*[1], paru en 1997, nous donne une idée de l'ampleur de l'offre :

---

1. Tristan Gaston-Breton, *Galéries Lafayette, légende d'un siècle*, éditions Clio Média, 1997.

> De la soierie au lainage, en passant par la confection pour homme, la photographie, l'éclairage, l'ameublement, les articles de voyage, le matériel de chauffage, les jouets ou les arts de la table, les Galeries Lafayette offraient tout ce qu'un grand magasin pouvait offrir. Partout, une véritable débauche de marchandises disposées dans une improvisation savamment étudiée s'offrait aux clientes.
>
> Mais la marchandise n'était pas tout ! Dans les étages du magasin, un salon de thé, une bibliothèque et un salon de coiffure permettaient à la cliente de se reposer ou de se distraire, tandis que de la terrasse, elle pouvait découvrir Paris d'un seul coup d'œil. L'ancienne boutique du 1, rue Lafayette n'avait désormais plus rien à envier à ses grands concurrents du boulevard Haussmann, de la rue de Rivoli ou de la rue du Bac.

Les Galeries Lafayette étaient le petit dernier des grands magasins. L'enseigne avait ouvert ses portes en 1893. Au départ, c'était un de ces fameux « commerces de nouveautés » où l'on pouvait se procurer des fournitures de mode, des fanfreluches, des rubans et des dentelles, des voilettes et bien d'autres menus articles dont les citadines raffolaient.

Théophile Bader et Alphonse Kahn démarraient à l'époque dans un petit local mais avec un atout majeur : la proximité de la gare Saint-Lazare. Dans ces années-là, Paris est en ébullition. En vingt-cinq ans, la capitale a vu sa population doubler pour dépasser les deux millions de personnes. Le baron Haussmann a fait les travaux sans précédent que l'on connaît. Ses nouvelles avenues, spacieuses, ont considérablement amélioré la circulation. Une métamorphose qui s'est avérée extrêmement bénéfique au commerce des grands magasins. Au sein de cette nouvelle géographie, la gare Saint-Lazare est devenue le principal terminus de Paris.

Les nouveaux citadins ont deux centres d'intérêt majeurs : les fêtes foraines, où l'on va s'enivrer de sensations fortes ; et les grands magasins, où l'on découvre tous les plaisirs de la consommation et de la mode. Par chance, la considérable croissance économique de ces années-là assure un bien meilleur pouvoir d'achat à un grand nombre. La période est fertile, et les deux cousins fondateurs vont savoir exploiter ce contexte extrêmement favorable. Dès le début, ils vont avoir l'intelligence de réinvestir leurs bénéfices dans les bâtiments environnant leur magasin.

Pour en savoir plus sur l'évolution de l'enseigne, Johanna propose de découvrir, dans une autre pièce, les archives photos. Des boîtes entières de tirages en noir et blanc, classées par année. Certains sont mystérieux : on ne connaît ni la date précise, ni l'événement représenté. D'autres sont simplement magiques.

Ainsi, une photo du rayon chapeaux. Nous sommes aux balbutiements du XXe siècle. Le magasin est à peine plus grand que les 70 m^{2} originels, les salles sont étroites. Une femme, particulièrement bien mise et apprêtée selon les usages de la fin du XIXe siècle, semble étudier un chapeau avec le plus grand sérieux. Elle porte une longue robe noire, probablement de deuil, et devant elle s'étend un océan de couvre-chefs, tous plus alambiqués les uns que les autres. Un foisonnement de fleurs, de nœuds, de dentelles. On imagine que la femme rêve à ce qu'elle s'offrira une fois sa période de deuil achevée. Au fond à droite, se trouve une autre femme, presque une ombre. En retrait, discrète comme pouvaient l'être les domestiques de l'époque, elle attend qu'on l'interpelle.

À voir le nombre de chapeaux proposés, on devine que l'enseigne est déjà prospère. Bader et Kahn observent sans cesse les habitudes de leur clientèle pour trouver non seulement les moyens de les satisfaire mais aussi les possibilités d'extension. En 1905, ils franchissent une étape importante en lançant un service de vente par correspondance. Leur premier catalogue est diffusé dans toute la France et à l'étranger. Un certain Douanier Rousseau s'en empare et va utiliser ses nombreuses gravures comme source d'inspiration de sa peinture.

En 1912, les Galeries Lafayette souhaitent franchir une autre étape décisive dans leur positionnement face à la concurrence. Les deux cousins lancent des travaux d'envergure dont le point d'orgue est un escalier monumental au cœur du magasin, directement inspiré de celui de l'Opéra Garnier qui se situe à quelques pas. L'objectif est double : voir et être vu. De cet escalier, il reste aujourd'hui un départ de rampe Art nouveau au cinquième étage du magasin. Un bijou de ferronnerie signé Louis Majorelle qui fut démonté dans les années 1970, quand l'histoire et le patrimoine étaient une insulte à la modernité. Nombreux sont ceux qui le regrettent aujourd'hui. Mais la direction d'alors voulait faire table rase du passé et supprimer également une estrade naturelle qui servait aux revendications syndicales des employés. En effet, que ce soit à l'époque du Front populaire ou de Mai 68, c'est bien sur ces marches que l'on pouvait se faire voir mais surtout, se faire entendre.

Heureusement, les merveilles de 1912 n'ont pas toutes subi le même sort. Ainsi, cette incroyable coupole en verrerie imaginée par Ferdinand Chanut, en collaboration avec le maître verrier de l'École de Nancy, Jacques Grüber, est toujours là. Ce dôme fait appel aux mêmes techniques que celles utilisées pour la gare d'Orsay ou le Grand Palais. Il possède comme une seconde peau, ce qui lui permet d'être un isolant thermique. Ce décor multicolore offre une atmosphère magique, à la fois à la pointe de l'Art nouveau et librement inspirée des bazars des *Mille et Une Nuits*. Un regard plus attentif à la coupole révèle des blasons à chacune de ses bases. Ce sont autant d'hommages aux villes qui symbolisent les métiers du textile : Lyon et la soie, Saint-Étienne et le ruban, Lille et le lin, etc.

Toujours en 1912, les Galeries Lafayette souhaitent se montrer à la pointe de la modernité. Pour cela, rien de tel que des ascenseurs. On en compte bien peu dans la capitale. L'Opéra Garnier n'aura le sien qu'en 1920. C'est dire combien, à l'époque, les 20 ascenseurs du magasin font causer le Tout-Paris. Il n'en reste malheureusement que quatre aujourd'hui, mais ils ont su garder, malgré le confort moderne, leur âme de la Belle Époque. Dès les premiers jours, ils attirent les badauds en masse, comme les escalators le feront en 1951, le magasin se félicitant alors de détenir le plus haut escalier mécanique d'Europe. Surprendre, divertir, attirer les acheteurs qui s'ignorent, c'est la philosophie de la maison. Car comme le disait la publicité : « À tout instant, il se passe quelque chose aux Galeries Lafayette. »

Une promesse tenue, à en croire les photos archivées par Johanna, qui réservent bien des surprises. La photo la plus touchante, sans doute, date de 1914. On y découvre, au cœur du magasin, une sorte de toboggan géant qui descend du plafond vers le sol. Joliment arrondi, il accompagne à merveille les décorations Art nouveau. Un jeu d'enfant ? Non, une rampe d'acheminement des colis pour que les employés soient les plus réactifs.

Au sortir de la Grande Guerre, Théophile Bader veut relancer la machine des affaires. Aussi va-t-il organiser quelques événements d'envergure dont le magasin a gardé les clichés. En 1919, Jules Védrines relève le défi lancé par la direction et se pose en avion sur le toit. En 1920, le magasin organise un concours du plus beau bébé. En 1921, on y lâche 5 000 ballons, l'un d'eux sera retrouvé à Barcelone. Les Parisiens sont fascinés, la clientèle afflue.

Si, dans les années 1930, la crise ébranle inévitablement la prospérité de l'enseigne, c'est surtout à partir de 1940 que les Galeries Lafayette vont traverser les pages les plus sombres de leur histoire. Alors qu'Alphonse Kahn a quitté la direction depuis une petite quinzaine d'années, Théophile Bader, lui, est toujours aux commandes. Les lois d'aryanisation, suite à la défaite de la France, l'obligent à démissionner, tout comme un grand nombre de cadres de la direction. Spoliée de ses biens, la famille Bader se disperse. Théophile, grand officier de la Légion d'honneur, refuse quant à lui de quitter Paris, où il va mourir en 1942.

Les années qui suivent sont extrêmement difficiles. Ici comme ailleurs, la pénurie et les restrictions rendent le commerce quasi impossible. Mais les Galeries Lafayette ne ferment pas pour autant. À l'issue du conflit, il faut plusieurs mois pour remettre à flot la distribution, mais la grande prospérité est symboliquement retrouvée en 1950 lorsque la plus grande star de l'époque vient se produire dans le magasin : l'immense Édith Piaf, qui va bien évidemment attirer les foules. L'insouciance des Trente Glorieuses est en marche.

Aujourd'hui, on est loin des 70 m^2 de départ puisque les Galerie Lafayette Haussmann représentent 70 000 m^2 d'articles en tout genre et sont l'un des plus grands magasins au monde. Une véritable petite ville. C'est d'ailleurs la seule enseigne en France à posséder sa propre brigade de 48 pompiers et un médecin attitré. Chaque année, on y compte 25 millions de visiteurs et jusqu'à 200 000 par jour en période de fêtes. C'est le deuxième lieu le plus visité à Paris après la tour Eiffel.

Mais c'est aussi une équipe de 120 acheteurs qui sillonnent le monde entier à la recherche du produit qui rendra folles d'envie les clientes. Loin de la petite mercerie du départ, les Galeries Lafayette sont présentes aujourd'hui à Casablanca, à Berlin et même depuis peu en Chine. Aux yeux des touristes étrangers, et en particulier des Japonais, les Galeries Lafayette ont acquis la réputation d'être le plus beau magasin au monde. Et il suffit pour s'en convaincre de voir l'affluence des touristes, au mois de décembre, venus admirer le majestueux sapin de Noël placé, bien évidemment, sous la coupole.

Les Galeries Lafayette
40, boulevard Haussmann
75009 Paris
Tél. : 01 42 82 34 56
www.galerieslafayette.com

18

Une gare miniature sous la gare de l'Est

10e arrondissement

On pourrait croire à une légende urbaine. Sous la gare de l'Est, il existerait un monde miniature où des passionnés de modélisme auraient recréé, depuis des dizaines d'années, un incroyable réseau ferroviaire plus vrai que nature. Certains disent même qu'ils voient passer, le samedi en début d'après-midi, des hommes avec leur petite valise qui disparaissent ensuite dans les sous-sols, derrière une certaine porte numéro 9.

Bernard Bonnet rit : « Oui, nous avons bien installé un réseau de modélisme de plus en plus connu. Le samedi, c'est presque l'embouteillage de poussettes. Mais il ne faut pas oublier que ces maquettes sont la partie visible de l'iceberg. Nous sommes d'abord une association de passionnés de l'histoire du chemin de fer. » Bernard est l'un des piliers de l'AFAC, l'Association française des amis du chemin de fer.

Cette association est née d'une histoire de copains. Nous sommes dans les années 1920. La

SNCF n'existe pas encore, des réseaux privés dirigés par des banquiers se partagent la France.

Du côté de Versailles-Chantiers, des jeunes viennent régulièrement regarder le ballet des trains qui vont et viennent. C'est encore l'époque des locomotives à vapeur et le spectacle est toujours fascinant. Tous les jeudis après-midi, les mêmes gamins se retrouvent. Ils se reconnaissent, se saluent puis finissent par devenir amis. Ils découvrent le bonheur de partager une passion commune.

Alors en 1929, ces garçons qui ont grandi décident de fonder une association. Deux ans plus tard, ils éditent leur première revue, où ils recensent toutes les innovations techniques. Les lecteurs ne sont pas forcément des cheminots mais des curieux de la technique, des drogués du rail, des rêveurs du voyage en locomotive.

L'AFAC prend de l'ampleur, il faut donc songer à trouver un vrai local pour se réunir. Mais l'association ne trouve rien dans l'Ouest parisien, près de Versailles. En revanche, la gare de l'Est, en plein travaux d'agrandissement, leur propose un local de 600 m^2 pour abriter leurs activités. Le début d'une grande histoire qui ne sera interrompue que le temps de la guerre, quand les locaux seront réquisitionnés par les soldats allemands.

La revue de l'association devient plus importante au fil des décennies, pour devenir une référence pour tous les amoureux du train.

« Parmi nos adhérents, nous n'avons que 12 % de cheminots. Mais nous avons tous les autres métiers : ingénieurs, médecins, charcutiers ou jardiniers, explique Bernard Bonnet. Bien sûr, les femmes passionnées de train sont rares. C'est donc certain que ce n'est pas chez nous que vous trouverez la parité », avoue-t-il dans un éclat de rire.

Pour Bernard, la passion des trains remonte à l'enfance. « Je ne sais pas, j'ai toujours aimé cela. Alors quand je suis entré en école technique, cela a pris un peu plus d'importance dans ma vie. » Comme une passion se partage, Bernard cherche une association. À cette époque-là, quand il ne se consacre pas à ses études, il fait du modélisme. « Le modélisme, en fait c'est comme de la photo 3D en quelque sorte. Il s'agit d'être au plus près de la réalité. À l'époque, je construisais entièrement mon matériel moi-même avec mes feuilles de tôle. » Et pour cela, il faut trouver des plans de locomotives. C'est ainsi qu'il découvre à l'AFAC, une bibliothèque qui s'avère une mine d'or. Des centaines de revues sur l'histoire du train. Bernard propose de prendre en charge ladite bibliothèque. Aujourd'hui, un demi-siècle plus tard, l'AFAC met à disposition pour les adhérents 5 000 livres sur le train et le rail, dont le plus ancien remonte à 1840.

Bernard n'a jamais travaillé dans les chemins de fer, il était électronicien dans l'instrumentation nucléaire. Mais le train a jalonné sa vie. Il n'a jamais quitté l'association. « Aujourd'hui, je suis un travailleur qui paie pour pouvoir accomplir sa tâche, plaisante-t-il. Je viens trois jours par semaine et je paie ma cotisation pour le faire. » Un silence, puis Bernard reprend : « Assez parlé de moi, maintenant allons voir ce que vous attendez : le réseau ferroviaire miniature. »

C'est en 1946 que l'idée de construire un réseau ferroviaire miniature commence à germer. Plus précisément, trois réseaux : un de taille classique (HO) à l'échelle 1/87, un autre plus rare (0) à la taille 1/43, et enfin un trosième à l'échelle 1/32 représentant les chemins de fer métrique, comme on trouve encore en Suisse, en Autriche ou dans les pays de l'Est.

Chaque samedi, les adhérents passionnés de modélisme viennent donc avec leurs locomotives et leurs wagons qui circulent sur ces réseaux ultra-réalistes. Les décors sont beaux, parfaits, justes dans les moindres détails. Le réseau de taille classique est le plus fascinant parce que le plus travaillé. Il peut accueillir jusqu'à 17 trains et représente 50 mètres de voie développée. Chaque bâtiment, chaque détail a été entièrement façonné à la main. Tout le quotidien des cheminots se raconte. Le bâtiment de la cantine, dans la gare, est même doté du casier à serviettes. Les affiches d'informations des syndicats respectent les codes couleurs des différents groupes. Tous les types d'infrastructures sont également représentés : gares de marchandise, de petits villages de montagne, de grandes villes. C'est un résumé extrêmement complet du système ferroviaire français dont la mission est la même que celle de l'association : faire connaître le chemin de fer et le défendre.

Selon les jours et les adhérents, on peut à loisir voir un train à vapeur, un train de fret ou le tout dernier Thalys. Les passionnés se font un plaisir de vous expliquer le fonctionnement, les signalisations, les manœuvres, les règles de circulation. Et soudain, une évidence s'offre au spectateur : faire rouler les trains n'est pas à proprement parler une activité solitaire, mais plutôt un moment de partage où l'on communique, on échange, on s'entraide.

Dans cette installation, la poésie n'est jamais bien loin. Il suffit d'observer la recherche du détail sur les trains. La plupart viennent du commerce, mais leurs propriétaires les améliorent bien souvent selon leurs compétences afin de les rendre encore plus fidèles à la réalité, tant technique qu'esthétique.

La majorité des adhérents a certes les tempes grises, mais on remarque également quelques jeunes de moins de trente ans. Ils sont beaucoup plus concentrés que leurs aînés et abordent leurs manœuvres avec sérieux. « Une génération s'était détournée des trains, des vrais comme du modélisme. Mais depuis quelque temps, on sent au sein de l'association un frémissement du côté des jeunes, qui s'intéressent à nouveau à nos beaux chemins de fer », souligne Bernard avec une certaine satisfaction.

Si les 20-30 ans peuvent participer au réseau au 1/87, c'est beaucoup plus difficile pour eux d'utiliser celui au 1/43, installé dans une autre salle. Deux fois plus gros, mais beaucoup plus rare. « Le premier c'est la taille la plus classique, il faut compter environ 200 euros pour une locomotive, un jeune peut se le permettre s'il économise. Le 1/43, c'est une tout autre catégorie. Il est beaucoup plus rare car il nécessite beaucoup plus d'espace. Et comme il est rare, on ne peut se procurer des trains que chez deux ou trois artisans. Des artisans qui font un véritable travail d'orfèvre. Pour s'acheter ces locomotives, il faut compter entre 4 000 et 6 000 euros. Ce n'est plus du tout la même histoire. Naturellement, les participants sont bien moins nombreux. »

En ce samedi après-midi, les visiteurs ne cessent d'affluer. Les parents comme les enfants sont hypnotisés par les trains qui explorent tous les itinéraires possibles. Émerveillés par le spectacle, bien souvent ils ne cherchent pas à communiquer avec les adhérents, alors que ces derniers ont tant de savoir à partager et d'histoires à raconter.

« Notre association ne reçoit aucune subvention, nous ne vivons que des adhésions. Nous aimerions parfois le dire aux visiteurs », confesse Bernard. Et si ces visiteurs devenaient adhérents, ils pourraient, par exemple, bénéficier de la salle de cinéma la plus secrète de Paris, qui jouxte les salles de trains miniatures. Une salle aux fauteuils en velours rouge où, une fois par mois, sont diffusées des œuvres de la cinémathèque de la SNCF. Encore et toujours ce voyage…

AFAC Gare de l'Est
Place du 11 novembre 1918
75010 Paris
Tél. : 01 40 38 20 92
www.afac.asso.fr

19

Le musée Édith-Piaf

11e arrondissement

C'est probablement l'un des plus petits musées de la capitale. Deux pièces dans un appartement au quatrième étage d'un immeuble parisien. Sur la porte, une petite plaque en cuivre indique : Musée Édith Piaf. Aux commandes, Bernard Marchois, un homme dont la vie a basculé quand il avait dix-sept ans.

« À dix-sept ans, je n'écoutais que de la musique anglaise, avoue-t-il dans un sourire. C'était l'époque qui voulait cela. Des amis de mes parents, proches de la famille Cerdan, m'ont alors parlé d'Édith Piaf. C'est qui ça ? leur ai-je répondu. Quoi ? Tu ne la connais pas ? Mais enfin, c'est la plus grande dame de la chanson ! »

Comme l'écrivait Rimbaud, on n'est pas sérieux quand on a dix-sept ans. Bernard n'échappe pas à la règle. Ses rêves le mènent vers l'Amérique et le rock'n'roll. Alors cette Édith, cela ne le tente pas trop. Mais les amis insistent, ils lui proposent même de la rencontrer. Quelle drôle d'idée ! Ses parents tranchent pour lui : il ira rencontrer la grande dame de la chanson. « Vous savez, quand il s'agissait de proches de la famille Cerdan, Édith ne refusait jamais. »

Bernard se retrouve donc boulevard Lannes, dans l'appartement de 240 m^2 d'Édith Piaf. « Je me souviens, le salon était immense. Il y avait un piano, une banquette, quelques tabourets. Nous étions à peu près une vingtaine et je me demandais ce que je faisais là. »

Tout ce petit monde attendait. Sagement. « Au bout d'un moment, il y a eu comme un brouhaha, une agitation, mais au début je ne voyais rien. Puis finalement, j'ai fini par apercevoir une bonne femme en peignoir, avec sur la tête des bigoudis et un loup qu'elle utilisait pour dormir la nuit. Je ne savais pas qui c'était, mais j'étais certain que ce n'était pas une grande dame de la chanson. Au mieux une femme de ménage. »

Un demi-siècle plus tard, Bernard sourit encore des certitudes de son jeune âge.

« Elle a fait le tour, dit bonjour à tout le monde, puis annoncé qu'elle allait faire un brin de toilette. Une heure après, elle est revenue pimpante et agréable à regarder. Elle portait un pantalon simple, un petit pull sobre, elle était coiffée, elle était jolie. » Nous sommes en 1958. Piaf a quarante-deux ans. Assis par terre, adossé au piano, alors qu'il se demande encore pourquoi il a accepté de venir, il entend la Môme lancer : « Bon allez, on n'est pas là pour rigoler, on est là pour répéter. »

En effet, elle est en train de faire les derniers ajustements de *Milord* avec Georges Moustaki. Probablement amusée par la présence de ce petit jeunot, elle se plante devant lui et, les mains sur les hanches, commence à chanter. Bernard reste alors sans voix, sans se douter que son destin est précisément en train de basculer. Ce sera la plus grande passion d'une vie.

À la fin de la séance de travail, Piaf lui demande s'il a aimé ce qu'il a entendu. Ému, ahuri, il ne peut dire un mot. Elle revient quelques instants plus tard et lui pose de nouveau la même question. Devant sa réponse affirmative, quoique succincte, elle lui propose de venir la voir en concert à l'Olympia le lendemain. « T'es toujours à l'école ? T'as pas un rond ? Alors tu passeras par l'entrée des artistes et je te ferai accéder à la salle, lui dit-elle. »

Bernard sera évidemment au rendez-vous. Mais aussi à toutes les représentations suivantes. Il est fasciné par sa puissance, son talent, sa voix fabuleuse. « Il y a les disques aujourd'hui, mais elle, c'était autre chose. Une présence incroyable. »

À partir de ce moment-là, il la verra aussi souvent que possible. Dès que les amis des Cerdan seront sur Paris, il en profitera pour aller à l'appartement. Régulièrement, il appellera sa secrétaire pour savoir s'il peut assister à tel ou tel concert. « J'ai commencé à acheter un disque, puis deux. Ensuite, j'ai voulu des exemplaires plus anciens. On parle de l'époque des 33 tours bien sûr. Je ne savais pas alors que je commençais une collection. »

Durant les cinq dernières années de la vie de la Môme, il la suit, voit son état se détériorer au fil des jours. Son admiration n'en est que plus grande. « Je me souviens, une fois, j'étais dans sa loge. Elle souffrait tellement qu'elle ne pouvait même pas se mettre debout. On l'a aidée à se lever pour aller jusque sur la scène. Elle s'est alors accrochée au micro. On a rapproché le piano pour qu'elle puisse s'appuyer dessus. Et puis, quand le rideau s'est levé, c'était parti. Elle avait une capacité à prendre toute l'énergie du public qui était là pour lui donner de l'amour en retour. C'était fascinant. D'ailleurs, souvent, les gens sortaient en disant qu'ils étaient épuisés d'avoir trop applaudi. Je crois qu'en fait, non, elle avait absorbé toute leur énergie. »

La santé de Piaf ne cesse de décliner. Les séjours à l'hôpital s'enchaînent, ainsi que les cures de désintoxication qu'elle réclame pour se défaire de son addiction à la morphine et aux médicaments antidouleur. « On la voyait revenir et elle semblait repartie comme en 40, avec une force de vie insensée. Mais quand même, avec le temps, c'était de moins en moins facile et ses souffrances étaient de plus en plus présentes. »

Bernard se souvient de ses mains, si déformées par l'arthrose qu'elle essayait le plus souvent de les dissimuler. Sauf sur scène, où elle en jouait. « Quand elle est morte, en 1963, il y a eu 400 000 personnes dans les rues. On n'avait pas vu cela depuis la mort de Victor Hugo. Paris venait dire au revoir à l'une de siennes. À la Môme. »

Les yéyés aidant et le temps passant, Piaf commence à déserter les postes de radio. Pour Bernard, c'est impensable. Comment peut-on laisser la voix d'une femme pareille disparaître ? « C'est d'ailleurs ce qui s'est passé par la suite avec Maurice Chevalier ou Luis Mariano. Mais comment cela pouvait-il être possible avec la plus grande dame de la chanson française ? Je ne pouvais pas m'y résoudre ! Comment faire ?

Première étape, monter une association : Les Amis d'Édith Piaf. » Bernard contacte Théo Sarapo et Bruno Coquatrix. Le premier était le dernier mari d'Édith et le second, le propriétaire de l'Olympia, qui avait pu sauver sa salle de spectacle grâce à elle. « Ils n'ont pas suivi tout de suite, je pense qu'ils voulaient voir ce que j'avais dans le ventre, si j'étais à la hauteur », se souvient Bernard.

Au bout d'un an ou deux, probablement convaincus par son énergie et son acharnement, ils décident d'être de la partie. Théo veut la présidence de l'association, pour en surveiller au plus près les activités. « Et c'était bien normal, d'ailleurs on la lui avait proposée spontanément car Édith Piaf avait fait de lui son légataire universel. » Coquatrix devient vice-président et l'acteur Michel Simon est nommé président d'honneur. À partir de là, les portes vont s'ouvrir et les objets souvenirs affluer.

La collection de Bernard s'agrandit au point qu'en 1977, il décide d'en faire un musée. Et pour cela, il transforme deux pièces de son appartement. « Je cohabite avec Édith. Et, le soir, je referme la porte du musée. Je vais dans ma partie plus personnelle. » Depuis presque quarante ans donc, Bernard reçoit sur rendez-vous pour faire visiter le musée. « Je veux bien que l'on donne mon numéro, mais pas l'adresse, sinon, les visiteurs débarquent non-stop et à n'importe quelle heure. C'est compliqué de dire à des gens venus du monde entier que ce n'est pas le moment, donc je préfère que l'on prenne rendez-vous. » Ces derniers temps, il assiste, sans vraiment pouvoir l'expliquer, à une recrudescence de visiteurs russes.

Qu'est-ce que le monde entier vient chercher dans ces deux pièces du quartier Ménilmontant ? La présence de la Môme ? Pas de doute, avec les trésors de Bernard, elle paraît très proche. À commencer par cette photo grandeur nature. Surprenant de voir ce si petit gabarit qui faisait vibrer le monde entier. « Elle mesurait 1,47 mètre et chaussait du 34 », souligne Bernard.

La mythique robe noire est là pour en attester. Elle semble si minuscule et pourtant dégage une si grande puissance. Ici, une robe de chambre, là, une robe de cocktail qu'elle a portée à New York, une photo en atteste. À côté, une robe de soirée noire Carven.

Chacune des tenues de Piaf est parée d'une croix en pendentif. On sait combien elle était croyante. D'ailleurs, on retrouve aussi son effigie de sainte Thérèse, qu'elle aimait par-dessus tout. On découvre également un énorme ours en peluche, offert par Théo. La peluche devait être aussi grande qu'elle. « Elle l'avait appelée Teddy… Parce que "T'Édith Piaf !" Elle était pleine d'humour. » Les nombreuses lettres affichées au mur sont là pour le confirmer. Une écriture de caractère et des mots piquants, drôles et souvent chaleureux. Sa plume nous fait entendre son inoubliable gouaille parisienne.

Sur chaque objet, chaque photo, chaque petit souvenir, Bernard a une anecdote à raconter. Comme le canapé sur lequel elle s'asseyait, toujours au milieu, jamais sur les côtés. Et si elle avait un amoureux près d'elle, elle lui tenait la main.

Surprenant comme ces deux pièces, qui tiennent résolument davantage d'un appartement que d'un musée, font vivre cette grande dame de la chanson. Pendant une heure ou deux, on a l'impression étonnante d'avoir approché le mythe et ainsi mieux compris la fascination qu'elle suscitait.

Musée Édith-Piaf
Pour obtenir l'adresse et le code d'entrée, téléphoner au : 01 43 55 52 72

20

L'église du Saint-Esprit, une Sainte-Sophie miniature à Paris

12e arrondissement

Imaginez une église parisienne qui serait une réplique miniature de Sainte-Sophie d'Istanbul. La subtilité des mosaïques qui s'allient à la magie d'une lumière magnifiée par les ouvertures du dôme de style byzantin. À cela, ajoutez une décoration unique au monde puisqu'elle réunit tous les grands prix de Rome des années 1930. Cette merveille est la seule église parisienne consacrée au Saint-Esprit. Elle est nichée au cœur du 12e arrondissement. Peut-être êtes-vous passés mille fois devant sans la voir, car incontestablement le plus beau est à l'intérieur.

« Allô ?

– Oui bonjour, j'écris un livre sur certains aspects méconnus de Paris et j'aimerais parler de votre église.

– Euh oui, mais vous savez, elle est déjà sacrément connue notre église !

– Oui, mais enfin pas tant que cela. J'en ai parlé autour de moi, et une réplique parisienne de Sainte-Sophie, cela ne disait rien à personne. »

Geneviève rit.

« Bon, d'accord, si vous voulez je vous fais visiter, retrouvez-moi devant la chapelle de la Vierge, au fond de l'église. »

Geneviève est à la retraite, c'est une ancienne prof d'anglais. Sa mission ? Coordonner les visites de curieux pour cette église unique en son genre et éviter, par exemple, de faire venir des groupes pendant les enterrements ou les liturgies. Geneviève aime transmettre, raconter, mais surtout elle aime son église. « Quand je travaillais encore, on cherchait des bénévoles pour faire visiter. Je me suis dit : "Tiens ! Pourquoi pas ?" Et puis, ce serait pas mal pour ma retraite comme activité. Et vous savez ce que c'est… on commence, on se passionne, puis on creuse, on en apprend de plus en plus et on continue. »

Femme souriante, vivante, enthousiaste, mais aussi malicieuse, elle offre un regard frais et sincère. « Ici, cela a toujours été ma paroisse. J'ai connu cette église dans mon enfance. Alors parfois, à force d'y venir, on ne la voit plus vraiment, c'est pour cela que c'est agréable de la faire visiter. »

À la fin des années 1920, entre Daumesnil et Porte Dorée, dans le 12e arrondissement, la population ne cesse d'augmenter. Et l'on manque d'églises. À cela s'ajoute la perspective d'un événement historique qui, prévu à deux pas, s'apprête à brasser des millions de gens :

l'Exposition coloniale de 1931. On décide donc de s'adresser à une valeur sûre de l'époque, Paul Tournon, architecte grand prix de Rome, connu pour quelques églises et ses monuments aux morts, mais aussi d'importantes restaurations du Louvre et de la place Vendôme. « Nous sommes en 1928, il faut tout de même un peu d'argent pour construire une église, mais le destin va donner un coup de pouce amusant. Un fils de bonne famille du quartier est très amoureux d'une jeune fille. Il se dit que si le Bon Dieu veut bien l'aider à l'épouser, alors il donnera de l'argent pour construire une église. » Mariage réussi, voilà le terrain acheté.

Il est un peu biscornu, constitué de trois parties. Mais l'architecte s'en débrouillera. Paul Tournon est missionné pour construire une église qui rend hommage à l'Esprit-Saint car, étrangement, il n'y en a aucune à Paris. « Lorsqu'on me fit savoir que l'église projetée serait sous le vocable du Saint-Esprit, j'eus l'impression immédiate de la vaste coupole, image humaine de l'univers, avec l'Esprit-Saint au zénith », racontera l'architecte.

Et de fait, à peine met-on les pieds dans l'édifice que déjà le regard, mais aussi l'âme, sont immédiatement attirés par les hauteurs de cette fantastique coupole qui fait inévitablement penser à la fameuse Sainte-Sophie d'Istanbul. « Vous savez, Tournon refusait que l'on dise qu'il s'était inspiré de Sainte-Sophie. Mais en même temps, il a fait sa thèse d'architecte là-dessus, donc on peut imaginer qu'elle a joué un petit rôle dans sa démarche créative », raconte Geneviève en souriant.

La coupole mesure 33 mètres de haut (en hommage à l'âge du Christ) et 22 de diamètre. Elle est ceinturée de 40 vitraux. L'appel vers le haut est tout bonnement saisissant. « On est finalement peu habitué à l'architecture byzantine, cela surprend toujours les visiteurs. Il y a peu, une femme m'a même dit qu'elle avait toujours cru, avant d'avoir l'occasion d'y pénétrer, que c'était une mosquée. »

Reprenons le fil de l'histoire. 1928, on commande une église à Tournon. Il rêve d'un chef-d'œuvre byzantin qui rendrait hommage à l'Esprit-Saint. À la pointe des techniques d'alors, il veut utiliser du béton armé, et le laisser brut de décoffrage.

Alors que la construction est bien avancée, la crise ne tarde pas à pointer son nez. L'argent manque. Tous les artistes ont un calendrier de commandes pratiquement vide et la main-d'œuvre est au chômage technique. Un homme prend les choses en main, le cardinal Verdier. Il décide de lancer ce que l'on appelle encore aujourd'hui « les chantiers du cardinal », dont le but est de recueillir des fonds pour construire des églises. Il a pour habitude de dire : « Il faut construire des églises en banlieue, où il n'y en a pas, et donc évangéliser la classe ouvrière. »

À cette époque-là, le 12e, c'est la banlieue. Le cardinal se mobilise et Tournon voit grand. Le cardinal souhaite qu'il y ait de nombreuses fresques. Pour cela, il envisage de passer commande aux plus grands artistes de l'époque. Paul Tournon acquiesce et décide de confier à des prix de Rome la mission de raconter l'histoire de l'Église depuis l'apparition de l'Esprit-Saint jusqu'aux années 1930. Un programme plus qu'ambitieux.

« Imaginez, il y a 800 m^2 de fresques. J'ai l'habitude de dire aux enfants qu'ici, c'est un peu comme une bande dessinée géante qui raconterait l'histoire de l'Église. » Difficile pour le visiteur de savoir où donner de la tête. Heureusement, il y a un sens et une logique ordonnés par Paul Tournon et le peintre Maurice Denis, chef de file des nabis. « La fille de Tournon, encore en vie aujourd'hui, m'a raconté que, sur le chantier, c'était une incroyable ruche. Tous les artistes travaillaient en même temps, il y avait des échafaudages partout. On se donnait des coups de main, on se prêtait des couleurs. La femme de l'un servait de modèle à l'autre », explique Geneviève. Une effervescence facile à imaginer tellement les fresques sont grandioses et omniprésentes.

« Chacun avait évidemment son style. Alors, pour éviter que cela parte dans tous les sens, Paul Tournon et Maurice Denis ont donné deux consignes. Tout d'abord, les personnages principaux devaient être plus grands que les autres, pour faciliter la lecture de l'histoire. Et puis, il devait y avoir une dominante de rouge. » Cela fonctionne, il n'y a aucune cacophonie dans le résultat final.

L'église a deux particularités structurelles assez rares. Premièrement, le clocher est habité : on y a installé l'appartement du sacristain. Deuxièmement, elle possède un « narthex », mot savant qui désigne une entrée, un vestibule permettant de quitter le monde des hommes pour entrer dans celui de Dieu.

Pourquoi Paul Tournon a-t-il voulu bâtir un narthex ? Tout simplement à cause du terrain biscornu. On ne pouvait pas faire un escalier d'honneur dans l'alignement de l'entrée magistrale de l'église. Ce petit espace avait pour but de servir de rotule et de détourner l'attention du visiteur afin de dissimuler cette asymétrie. Mission réussie, si on ne vous le montre pas, on ne la remarque pas.

Le narthex a été décoré par monsieur et madame Untersteller. Nicolas Untersteller, prix de Rome, est connu et reconnu pour ses fresques. Dans l'entrée, le couple d'artistes réussit à nous raconter la Genèse en sept tableaux. De formidables dessins sur un camaïeu de bleu qui, instantanément, donnent le ton : pénétrer dans l'église du Saint-Esprit, c'est bien se plonger dans les années 1930 et l'Art déco.

Sur la gauche, le baptistère. Il a été décoré par la femme de Paul Tournon, fille d'Édouard Branly qui n'était autre que l'un des inventeurs de la radio. Élisabeth Tournon-Branly a représenté des enfants des quatre continents envoyant leurs actions de grâces à la Sainte Vierge. Dans les années 1930, le rapport aux races est bien différent. Aussi, l'enfant blanc ressemble au Petit Prince, et le noir est représenté comme un petit sauvage affublé d'une ceinture de bananes. Si l'image peut surprendre aujourd'hui, il ne faut pas perdre de vue qu'à l'époque on est seulement à quelques mois de l'ouverture de la fameuse exposition coloniale. Vertiges du temps qui passe et des esprits qui évoluent.

Revenons sous le dôme majestueux. Toute la lumière provient du ciel. Au cœur de la coupole, une mosaïque représente le symbole du Saint-Esprit. La croix est tenue par les mains de Dieu et irradie des rayons du Saint-Esprit. Les quatre pendentifs sur les quatre piliers sont en mosaïque également. Puis, pour répartir le poids du dôme, des demi-coupoles où l'on retrouve les douze apôtres. Car ce sont bien les évangélistes et les apôtres qui ont fait connaître l'Esprit-Saint.

L'autel, on le doit à Jean Dunand, un artiste incontournable du mouvement Art déco. Il est le maître dans le maniement du cuivre et du laiton. Pour entourer l'autel, Tournon désire installer sept grilles, le chiffre symbolique de la création, et sur chacune d'entre elles, il appose sept motifs identiques : un globe terrestre surmonté d'une lampe, symbole de l'Esprit-Saint sauveur du monde.

L'œil est ensuite inévitablement attiré par l'incroyable peinture de Maurice Denis : « Rendez-vous compte, 18 mètres de haut », dit Geneviève avec un sourire. La fresque raconte l'arrivée de l'Esprit-Saint avec ses langues de feu, le vent et la colombe. L'œuvre comporte plusieurs niveaux, avec la Vierge, les Pères de l'Église, puis les représentants de l'Église de 1930. Et surprise, nous retrouvons également Maurice Denis, monsieur et madame Tournon et leurs filles, mais aussi le cardinal Verdier et George Desvallières, auteur du chemin de croix.

George Desvallières est un élève de Gustave Moreau. Fils et petit-fils d'académicien, ce peintre de talent voit deux événements changer sa vie de manière radicale. Premièrement, son fervent retour à la religion, qui le poussera à explorer autre chose que la peinture figurative. Puis, la Première Guerre mondiale où, bien que quinquagénaire, il s'engage. C'est précisément pendant cette période mouvementée qu'il perd son jeune fils sur le champ de bataille. Sa proximité avec la mort lui fait faire un vœu, au retour de la paix : désormais, il ne peindra plus que des œuvres religieuses. Son chemin de croix est un pur chef-d'œuvre. « Vous avez remarqué, demande Geneviève, on ne voit jamais les pieds du Christ. Et vous savez pourquoi ? Parce qu'ils sont dans la terre, c'est un homme comme nous. Sauf à la fin, quand il s'élève, alors seulement ils apparaissent enfin. »

À partir de la peinture de Maurice Denis, l'histoire de l'Église se lit dans le sens inverse des aiguilles d'une montre. On y trouve de nombreux saints, papes et autres prêtres, mais aussi des laïcs qui, à leur manière, ont diffusé l'Évangile, comme l'empereur Constantin, Charlemagne, Marco Polo, Christophe Colomb, Michel-Ange, Poussin ou Bach. La plupart des fresques comportent dans les soubassements des indications gravées permettant de comprendre facilement à quels événements elles se réfèrent. Une pure merveille.

Mais l'église du Saint-Esprit est aussi un chef-d'œuvre de technicité. Tournon a imaginé un système de chauffage par le sol qui court seulement aux endroits où il y a des sièges. Moderne et judicieux.

L'architecte aurait souhaité encore davantage. Il voulait réaliser des chapiteaux en béton symbolisant les grands ordres religieux, graver des gisants sur les dalles de l'allée centrale et couvrir les piliers de revêtements de marbre. Mais les moyens sont venus à manquer et il a fallu faire des choix. Le résultat semble tellement équilibré que l'on se demande si ce n'est pas une chance que cela soit resté ainsi.

Le béton armé brut s'avère le meilleur des écrins pour cette incursion dans les années 1930.

« Ici, même la sacristie est restée parfaitement dans son jus, souligne Geneviève. Et depuis quelque temps, les années 1930 deviennent à la mode, alors on parle de plus en plus de nous. L'École du Louvre a rajouté un cycle sur cette période-là, ce qui nous vaut les visites des étudiants. Et là, à chaque fois, pour tous c'est l'émerveillement ! »

Une femme fait signe à Geneviève de parler moins fort. On doit exposer le Saint-Sacrement, c'est l'heure du recueillement. Geneviève fait un clin d'œil : « Je suis sûre que le Seigneur était bien content que je vous raconte l'histoire de notre belle église. »

Église du Saint-Esprit
186, avenue Daumesnil
75012 Paris
Tél. : 01 44 75 77 50

21

La Cité internationale universitaire

14e arrondissement

Nombreux sont ceux à avoir entendu parler de la Cité internationale universitaire, mais beaucoup moins à être venus explorer cette véritable « utopie réalisée ». Un lieu où les rêves de grands hommes ont pris forme. Adrien Biguet y travaille depuis dix mois et sa mission consiste à transmettre l'histoire de ce campus unique en son genre.

Adrien ne se lasse pas de découvrir ce terrain de jeu incroyable de 34 hectares. Un campus qui accueille 12 000 étudiants à l'année, mais aussi des artistes en résidence, des sportifs de haut niveau et des chercheurs. Ils viennent des quatre coins du monde et forment un Paris hétéroclite, international et humaniste.

Une aventure peu banale dont les origines méritent d'être connues. Nous sommes en 1919. La Société des Nations vient d'être créée, la France se remet douloureusement de cette Grande Guerre dont on souhaite que ce soit la dernière. Beaucoup réfléchissent à des solutions qui assureraient une paix pérenne. Parmi eux, un certain André Honnorat. Un politique, un idéaliste, un touche-à-tout à qui l'on doit, entre autres, le développement des sanatoriums, mais aussi la mise en place de l'heure d'été. Dans sa jeunesse, il a été contraint d'abandonner ses études, faute de moyens et il en reste très marqué. Devenu politique, il note que le nombre d'étudiants à Paris est en chute libre. En 1920, on compte un tiers d'étudiants de moins qu'avant la guerre. « Et vous savez pourquoi ? demande Adrien avec un sourire. Eh bien, tout simplement parce qu'on manque de logements, d'hébergement. Les loyers sont trop élevés et un grand nombre de logements est insalubre. Déjà, a-t-on envie de dire. »

On remarque également que le nombre d'étudiants étrangers est en nette diminution. Et pour Honnorat, l'équation est simple : moins d'étudiants étrangers dans l'Hexagone équivaut à un manque à gagner sur le rayonnement de la France à l'étranger. « La formation des élites étrangères contribue à la diffusion du modèle culturel français et donc au rayonnement international de la France dans le monde », précise Adrien. Alors André Honnorat se prend à rêver : et si l'on créait un lieu dédié aux étudiants du monde entier, un lieu qui leur permettrait de vivre dans des conditions confortables mais abordables, un lieu qui apprendrait aux différentes nations le vivre ensemble ? Un lieu tourné vers l'avenir ?

À cette époque-là, on se décide à détruire l'enceinte de Paris. Elle est, bien sûr, militairement obsolète, mais en plus, encombrante d'un point de vue urbanistique. Par ailleurs, la zone non constructible qui l'entoure héberge de nombreux bidonvilles où l'hygiène est préoccupante. En se débarrassant de cette enceinte, de nouveaux espaces s'offrent à Paris et le sud du 14e arrondissement serait propice pour accueillir ce rêve de cité internationale universitaire.

Mais comment financer ce rêve ? Honnorat sait qu'il faut trouver des mécènes, embarquer d'autres idéalistes comme lui dans l'aventure. Émile Deutsch de la Meurthe sera le bon. Entrepreneur français, fortuné, propriétaire des Pétroles Jupiter qui deviendront la marque Shell quelques années plus tard, il est sensible au projet d'Honnorat. Entre-temps, ce dernier est devenu ministre, une promotion qui lui permet d'avoir davantage de poids. Ils vont réfléchir ensemble à la tournure légale à donner à cette aventure. Cela deviendra une fondation privée d'intérêt public. Deutsch de la Meurthe voit grand. Il fait construire un ensemble de sept pavillons dont la réalisation est confiée à l'architecte Lucien Bechmann, qui sera l'architecte conseil de la cité pendant trente ans. L'homme est très inspiré par l'architecture anglaise et, en particulier, celle des collèges d'Oxford, mais aussi celle de la cité-jardin de Hampstead. Le bâtiment principal est surmonté d'un beffroi que l'on aperçoit de loin. Il symbolise le départ de cette grande aventure. Aujourd'hui, cette première construction, inaugurée en 1925, est inscrite à l'inventaire des Monuments historiques. Ce groupe de bâtiments ressemble à s'y méprendre à un collège britannique. Il inspire le respect et fait rêver. Quand le sociétaire de la Comédie-Française Guillaume Gallienne souhaite tourner une partie de son film, *Guillaume et les garçons à table* dans un pensionnat anglais, il s'installe dans cette véritable enclave de style britannique. Le résultat est saisissant.

Reprenons le fil des événements. Deutsch de la Meurthe donne l'exemple et prouve que l'on peut financer ce projet pour les étudiants. À partir de là, d'autres vont suivre, mais surtout, les pays étrangers commencent à entrevoir l'intérêt d'avoir, en quelque sorte, un pied-à-terre à Paris pour leurs étudiants. On assiste alors à un développement de l'architecture traditionnelle des pays mécènes. La maison hellénique ressemble à s'y méprendre à un temple grec. La maison de l'Arménie rend hommage à une église emblématique du pays. Suivent la maison de l'Inde, la maison du Japon, et bien d'autres. À la veille de la Seconde Guerre mondiale, on ne dénombre pas moins de dix-neuf résidences sur le campus avec, au cœur de celui-ci, une maison internationale commanditée par Rockefeller.

De 1948 à 1969, une autre salve de constructions est lancée. Les temps changent et les pays voient dans ces projets l'opportunité de mettre en avant le savoir-faire de l'architecture moderne. On délaisse les identités locales pour se tourner ensemble vers des lendemains radieux. Une première impulsion avait été donnée en 1933 par Le Corbusier, pour la Fondation suisse. Un bâtiment qui explorait les cinq points de la nouvelle architecture : le toit terrasse, les pilotis, les fenêtres en longueur, la façade libre et le plan libre.

Chaque bâtiment entretient des relations privilégiées avec la mère nourricière qui l'a financé. Ainsi la maison monégasque est la première à avoir un poste de télévision, grâce à la bienveillance du prince Rainier qui veille à ce que ses étudiants ne manquent de rien. Inévitablement la politique n'est jamais très loin : la maison d'Iran devient un foyer d'opposition au régime du shah, et la maison de l'Arménie se veut l'enracinement d'une culture en déshérence face à la domination des grandes puissances régionales turques et soviétiques.

La cité a eu au fil des années d'illustres pensionnaires. Parmi eux Karen Blixen, Tahar Ben Jelloun, Aimé Césaire, Pierre Trudeau, Costa-Gavras, Jean-Paul Sartre. Mais aussi Léopold Sédar Senghor, écrivain et futur président de la République du Sénégal, qui a résidé à la Fondation Deutsch de La Meurthe et écrira : « C'est certainement à la Cité universitaire que j'ai fourni le travail le plus constant, sinon le plus acharné. Je travaillais dix heures par jour. Mais, du samedi à 18 heures au lundi matin, c'était le repos et la distraction : théâtre, cinéma, concert, musée, mais aussi soirée ou plutôt matinée dansante du dimanche et, de préférence, à la Cité universitaire. » Quant à Jean-Paul Sartre, c'est précisément lors de la période où il est résident qu'il rencontre une certaine Simone de Beauvoir. Un épisode qu'elle évoque dans les *Mémoires d'une jeune fille rangée.*

Aujourd'hui, la cité est fière de son patrimoine. Son parc est l'un des plus beaux exemples de la biodiversité dans la capitale. On compte plus d'une centaine d'essences d'arbres différents qui proviennent des quatre coins du monde. La richesse ornithologique est aussi impressionnante. Par ailleurs, cinq ruches viennent d'être installées pour bénéficier de cette incroyable nature en plein cœur de Paris. Les produits phytosanitaires ont été bannis, pour un développement au plus près du respect de la nature.

Près d'un siècle après sa naissance, la cité a vocation à s'agrandir encore. Aujourd'hui, elle offre une capacité de 5 800 lits. 5 % des logements seront bientôt adaptés aux personnes à mobilité réduite. Des campagnes de restauration sont régulièrement menées, avec un double objectif : garder l'identité des lieux et assurer le confort de demain. Ainsi, pour certains musiciens en résidence, on offre des studios entièrement insonorisés. Chaque maison a ses propres règles de vie et ses traditions. Chacune possède sa propre atmosphère et accepte les étudiants sur dossier et lettre de motivation. On compte environ 30 % d'étudiants étrangers dans la Cité universitaire, et le projet de communion internationale a dépassé les rêves de départ. Des couples se sont même formés et ont donné naissance à de nombreux « bébés Cité universitaire » qui sont à leur tour devenus résidents. L'objectif du bien vivre ensemble est atteint et l'harmonie entre les nationalités au sein du campus n'est plus à démontrer. « C'est pour cela que j'aime parler d'utopie réalisée », conclut Adrien.

Cité internationale universitaire
17, boulevard Jourdan
75014 Paris
Tél. : 01 44 16 64 00
www.ciup.fr

Entretien avec Adrien Biguet

KATIA CHAPOUTIER : Que représente pour vous la Cité internationale universitaire ?

ADRIEN BIGUET : Pour moi, c'est une utopie réalisée. C'est un symbole fort de la capacité qu'ont les gens à vivre ensemble, peu importe leur origine. Je pense que son existence est un garde-fou essentiel contre le repli sur soi, surtout dans la période actuelle de tensions économiques, politiques et sociales que nous vivons. L'idéal humaniste que prône la Cité internationale, loin d'être obsolète, nous incite à garder une ouverture d'esprit sur la diversité culturelle. Il faut que chacun intègre que les valeurs de tolérance et de respect sont des bases essentielles dans la vie en collectivité.

•••

K. C. : Quel y est votre meilleur souvenir ?
A. B. : Je ne suis à la Cité internationale que depuis avril 2013, mon expérience de ce lieu est donc limitée. Le moment qui m'a le plus marqué pour l'instant, c'est lorsque je me suis immiscé dans des soirées résidentes et que j'ai pu percevoir cette concrétisation de l'idéal humaniste à travers la richesse des échanges entre résidents. Les discussions étaient absolument passionnantes et originales, c'est une chance de pouvoir discuter en même temps avec un Japonais, un Iranien et un Bulgare. C'est dans des moments comme ceux-là qu'on se rend compte que la cité est une utopie réalisée, les faits transcendent la théorie.

K. C. : Quelle y a été votre rencontre la plus insolite ?
A. B. : Je ne sais pas si je peux parler d'une rencontre plus insolite qu'une autre. Le fait de pouvoir rencontrer des jeunes en provenance du monde entier est déjà insolite en soi. Récemment, j'ai rencontré une étudiante du Soudan qui m'a fait partager sa vision du monde : de sa découverte de Paris aux événements qui se déroulent actuellement au Soudan du Sud, son point de vue est surprenant car il sort souvent des sentiers battus.

K. C. : Quelle place la Cité internationale universitaire tient-elle dans votre vie ?
A. B. : La cité me permet tout d'abord d'exercer ma passion : la valorisation d'un patrimoine architectural et paysager exceptionnel, le sien. À travers l'exercice de cette fonction, j'ai la chance d'échanger tous les jours avec un public très varié autour de ces questions. Souvent, les discussions ne se limitent pas au domaine culturel, elles s'orientent sur la politique et le social, c'est passionnant puisque cela permet de vraiment comprendre les gens et leur identité.

22

La Ruche où les artistes font leur miel

15e arrondissement

Depuis plus de vingt ans, Philippe Lagautrière travaille dans l'un des endroits les plus préservés de Paris : la Ruche, un groupement d'ateliers d'artistes niché dans un halo de verdure près de Montparnasse. Pas question de venir le visiter. Seuls sont autorisés à y entrer la soixantaine d'artistes résidents et les quelques chanceux qui réussiront à motiver leur demande.

Philippe Lagautrière est peintre, une sorte d'artiste magicien. Il travaille avec des tampons et, avec tout son talent, crée des histoires qui ravivent instantanément notre âme d'enfant. Ses outils ? Des scalpels et des petites pointes qui lui permettent de créer lui-même ses tampons en sculptant délicatement sur des gommes des dessins qui deviendront le point de départ d'une peinture colorée, étonnante, rêveuse.

« Au tout début, mon atelier à la Ruche me paraissait grand et lumineux. Il fut vite rempli et l'espace s'est rétréci. J'ai peint des formats conditionnés à la taille des murs. Aujourd'hui, je ne peux plus y peindre que des petites œuvres », s'amuse Philippe.

Quand il arrive à la Ruche, il a tout de suite l'impression de faire partie d'une « famille composée d'artistes, et ressent une forte solidarité ». La présence de l'imposant jardin sauvage achève de rendre l'endroit presque irréel. Résolument tombé amoureux des lieux, Philippe veut en savoir plus sur leur histoire et cela va devenir, pendant un temps, la source principale de l'inspiration de son travail.

Au départ, en 1902, il y a l'idée d'un homme, Alfred Boucher, sculpteur, premier professeur de Camille Claudel. On dit qu'il est devenu riche en faisant le portrait de la reine de Roumanie. Alors que le XXe siècle fait ses premiers pas, il découvre un terrain de 5 000 m^{2} à vendre. Il y imagine un lieu où il pourrait abriter les artistes en difficulté.

Boucher racontera plus tard : « L'union fait la force, dit la sagesse des nations. Pourquoi ne créerait-on pas une manière d'association, de syndicat artistique ? Pourquoi un certain nombre de jeunes artistes ne mettraient-ils pas en commun leurs rêves, leurs ambitions, leurs efforts et surtout leurs besoins ? Les abeilles offrent à l'homme le plus bel exemple d'union qui soit, dans un travail, dans l'effort… Et voilà pourquoi nous avons créé la Ruche. »

L'Exposition universelle de 1900 a fermé ses portes il n'y a pas si longtemps et Alfred

Boucher a réussi à en récupérer l'un des pavillons. Il décide de le faire reconstruire sur son nouveau terrain. Une superbe structure Eiffel dont la forme octogonale n'est pas sans rappeler cette fameuse idée de ruche. Alfred Boucher y crée de nombreux ateliers, pas bien grands car le but est d'aider le plus grand nombre possible d'artistes de passage. Peu de confort, pas d'eau, pas d'électricité, des poêles à bois et beaucoup de chaleur humaine. Ce qui fera dire à Marc Chagall : « À la Ruche, on y crevait ou l'on en sortait célèbre… » Chaïm Soutine, Amedeo Modigliani, Blaise Cendrars, Fernand Léger, Marie Laurencin y poseront aussi leurs valises à un moment ou un autre.

En avançant dans ses recherches, Philippe Lagautrière découvre qu'il travaille dans l'atelier de Chagall. L'inspiration redouble. Il se prend de passion pour l'un des tableaux majeurs de l'artiste russe, réalisé dans l'atelier : *Le Marchand de bestiaux*. Une œuvre indissociable de la vie de Chagall et de ses traumatismes, dont l'histoire mérite d'être connue.

Au début du XXe siècle, la Ruche est encore entourée de champs. Chagall aperçoit par la fenêtre les bestiaux en train de partir à l'abattoir. Une image suffisamment marquante pour qu'il en parle dans son autobiographie : « Deux, trois heures du matin. Le ciel est bleu. L'aube se lève. Là-bas, plus loin, on égorgeait le bétail, les vaches mugissaient et je les peignais…

J'entends encore les cris dans la nuit quand on leur coupait la tête et l'image de la Russie me venait en mémoire, celle de la boucherie de mon grand-père. » Dans cette atmosphère bien particulière, il peint une œuvre panoramique et colorée représentant un marchand de bestiaux. Hommage à Vitebsk, sa ville d'origine, souvenir de son grand-père et presque une photographie de ce qu'il voit. Au début de l'année 1914, alors qu'il se rend dans son pays pour quelque temps, Chagall laisse une grande partie de ses œuvres dans son atelier, dont ce tableau qu'il aime tant. Il n'est pas inquiet : il reviendra bientôt. Et ses amis sont là pour veiller sur ses trésors.

C'est compter sans la Grande Guerre, qui va complètement changer la donne. Chagall se retrouve bloqué en Russie. Pendant ce conflit, Blaise Cendrars, son grand ami, perd un bras et son camarade Guillaume Apollinaire décède.

La paix retrouvée, Chagall revient enfin à la Ruche pour y récupérer ses œuvres. Il découvre un atelier vide. Pillé. Il a longtemps pensé que Cendrars l'avait trahi et avait vendu ses toiles. Peut-être. Peut-être pas. En tout cas leur amitié est brisée et *Le Marchand de bestiaux* a disparu. Cette toile lui manque tellement qu'il finira, quelques années plus tard, par la repeindre prenant pour modèle une photo en noir et blanc que sa femme avait prise. Cette nouvelle version ne le quittera plus jamais. Elle le suivra dans ces déménagements aux États-Unis ou dans le sud de la France. Dans les années 1960, la première version et même un dessin préparatoire vont finir par réapparaître en Suisse. Chagall les retrouvera avec émotion. Car pour lui, la Ruche et Vitebsk étaient deux étapes viscéralement fondamentales.

Cette histoire est tellement forte que Philippe Lagautrière finit par réaliser sa version personnelle du *Marchand de bestiaux*. Les pinceaux sont remplacés par des tampons, mais on y retrouve une lumière, des couleurs et une vivacité qui ne peuvent laisser indifférent et qui résonnent évidemment avec l'œuvre de Chagall.

Dans les années 1960, la Ruche est menacée de destruction. Les artistes se mobilisent. Chagall fait partie de la fronde. Son nom est devenu mythique. Il a un poids incontestable. La famille Seydoux rachète l'endroit pour en faire une fondation et en 1972, la Ruche est classée Monument historique.

Aujourd'hui, les lieux ont un peu changé.

« Sur les 5 000 m^2 de l'époque, une partie a été amputée. Et le confort moderne par rapport au début change bien des choses, confie Philippe. Lors de la création de la Ruche, les ateliers étaient conçus pour n'être que des ateliers de passage, le temps que l'artiste produise, se fasse connaître, gagne enfin sa vie et trouve ailleurs un atelier plus grand. Désormais, on quitte plutôt son atelier les pieds devant, tellement on s'y sent bien. Malheureusement, depuis que je suis arrivé, il y a vingt ans, l'esprit convivial qui y régnait s'amenuise au fil du temps : les nouveaux arrivants ont davantage tendance à s'enfermer pour travailler et à agir comme des locataires d'appartements ne connaissant pas leurs voisins de palier. C'est dans l'air du temps. Espérons qu'il y ait un jour prochain un renversement de situation. »

La Ruche
2, passage Dantzig
75015 Paris
www.la-ruche.fr

23

Heures hindoues en plein Paris

18e arrondissement

Parfois, il n'est pas nécessaire de prendre l'avion pour vivre un dépaysement total. Il suffit de descendre au métro La Chapelle ou Gare du Nord et vous voici en plein cœur de Little India, avec ses échoppes colorées dont s'échappent des effluves délicieux. Rue Pajol, il existe un lieu étonnant aussi serein qu'exotique : le temple consacré à Ganesh, le dieu à tête d'éléphant. C'est le plus important de France et l'un des plus connus d'Europe.

Il suffit de faire quelques pas dans le quartier pour que les cinq sens soient titillés par des sensations nouvelles. Des odeurs d'épices et d'encens affluent à nos narines. Des couleurs chatoyantes rehaussées de dorures s'exposent dans les vitrines. Des langues méconnues et des musiques aux sonorités indiennes résonnent à nos oreilles.

Bienvenue dans le quartier indien de Paris. « On parle de quartier indien, mais en fait, il y a une grande majorité de gens venus du

Sri Lanka », explique Subajini Rajkumar jeune maman de trente-sept ans qui en paraît dix de moins. « Quand il y a eu une première vague d'immigration, dans les années 1980, le quartier de la gare du Nord a vu fleurir des commerces, des coiffeurs, des restaurants issus de la communauté sri-lankaise. Les gens qui les tenaient ne vivaient pas là mais c'était incontestablement un lieu de rencontres pour eux. Alors, quand mon oncle a eu l'idée de fonder un temple, il paraissait évident que c'était le quartier idéal pour cela. Les gens pourraient l'intégrer à leur routine, quand ils vont faire les courses. »

Son oncle, c'est Vaithilingam Sanderasekaram, ingénieur de formation. Un homme bon, comme on peut le deviner sur le portrait qui orne un coin du temple. Issu d'une famille célèbre pour avoir fondé de nombreux temples au Sri Lanka, il a très tôt pensé que la création d'un lieu de culte aiderait ses compatriotes, mais aussi tous les hindous déracinés. « Il faut imaginer la difficulté de ces gens qui arrivaient, ne parlaient pas la langue, ne comprenaient ni la culture ni les traditions locales. Ils avaient tout abandonné chez eux, même leur façon de s'habiller », explique la jeune femme.

Son oncle souhaite leur offrir un ancrage, un lieu d'accueil et de réconfort. Normalement, les hindous rythment leur journée autour des passages au temple. En France, c'est pratiquement impossible, mais Vaithilingam entend mettre à disposition un espace d'accueil et de spiritualité. Il fait venir une statue de Ganesh, le dieu à tête d'éléphant, l'attribut nécessaire pour toute cérémonie, et au départ, imagine un temple mobile. Régulièrement, il l'installe dans une salle des fêtes, puis à l'issue de la cérémonie, il le rapatrie chez lui.

Les communautés hindoues sont au rendez-vous assez rapidement, mais Vaithilingam tient vraiment à créer un lieu fixe, un ancrage réel. L'homme est débrouillard. Il va finir par obtenir un local dans le 18e arrondissement. Il y fonde alors un espace de culte ouvert tous.

L'hindouisme a de nombreuses branches. Vaithilingam rêve pourtant son temple comme celui de l'unité. « Ce racisme que nous avions vécu dans nos pays d'origine, cette incompréhension entre les peuples et les branches de notre religion ne devaient surtout pas renaître ici. Mon oncle voulait une atmosphère de paix et d'entente, réussir ici ce que nous avions raté là-bas. »

En même temps, Vaithilingam met en place un événement devenu aujourd'hui incontournable chaque année. Le dernier dimanche d'août ou le premier dimanche de septembre, se déroule une procession en l'honneur de Ganesh. Les rues alentour sont barrées à la circulation et, le temps d'une journée, le quartier devient sri-lankais et indien. Les rues sont purifiées à l'eau de rose et à la poudre de cumin, les hommes sont torse nu et les femmes arborent leurs plus belles tenues de cérémonie. On compte jusqu'à 50 000 participants. Une ferveur extraordinaire que l'on retrouve, à plus petite échelle, quotidiennement dans le temple de Ganesh.

Dans le lieu de culte coexistent différents dieux hindous. Chaque dieu a sa chapelle et tous doivent être honorés dans un ordre précis. Chacun possède sa propre personnalité et son champ de compétence. Ici, on vénère principalement Ganesh, mais aussi Shiva et Krishna. Ganesh est la divinité de l'épreuve à dépasser, Shiva celle de création mais aussi de la destruction. Les offrandes varient : citrons, fleurs, grenades, bananes.

Trois prêtres venus d'Inde officient au temple. Ils sont, la plupart du temps, en poste pour deux ans, même si certains restent plus longtemps. Ils sont faciles à repérer : ils portent un pantalon traditionnel, leur torse nu est agrémenté d'une, deux ou trois ficelles blanches et de plusieurs colliers, et leurs cheveux longs sont attachés en chignon. Ils sont tous issus de la même caste, la seule qui autorise à être prêtre. Traditionnellement, cette responsabilité se transmet de père en fils et les enfants y sont préparés dès le plus jeune âge.

Au temple de la rue Pajol, trois fois par jour, ils procèdent au *puja,* un rituel avec des chants et des prières en sanskrit. On peut prier seul ou bien confier ses intentions au prêtre. Dans ce dernier cas, on peut se contenter d'acheter un petit ticket ou alors faire une véritable offrande. Pour cela, certains apportent des fruits ou des fleurs de chez eux, mais la grande majorité préfère les acheter sur place. Un plat en métal avec une noix de coco, quelques bananes, quelques oranges, du camphre, de l'encens mais aussi des pétales de fleurs et des poudres parfumées. Tour à tour, les fidèles tendent leur plateau. Un prêtre brise la noix de coco pour en récupérer le lait, qui sera offert aux dieux tout comme l'encens et le camphre. On doit alors dire à qui s'adresse la prière, puis commencent les mantras, les prières, accompagnées de plusieurs gestes symboliques avec des lampes et des pétales éparpillés sur la statue de Ganesh. Enfin, le prêtre trempe son doigt dans le *tiruniru*, une poudre à base de cendres que l'on dépose sur le front du fidèle pour purifier son esprit. On y ajoute aussi une trace de santal et de safran.

Une fois la prière terminée, le fidèle repart avec ses fruits, qu'il pourra manger. Si l'on suit l'office dans son intégralité, on peut assister à une communion. Le prêtre invite les participants à passer leurs mains à tour de rôle au-dessus des flammes des lampes posées sur son plateau. Ensuite, il verse une cuillerée de lait chaud dans le creux de la main des disciples. Enfin, il offre à chacun une pincée de grenade à manger.

Hormis l'atmosphère parfumée et formidablement calme des lieux, le plus fascinant est l'esprit de tolérance qui y règne. « Notre religion est ouverte aux autres. Le prosélytisme est interdit. On peut se marier avec des gens de n'importe quelle confession. On peut sans le moindre problème décider demain de ne plus être hindou, et quelque temps après faire marche arrière et revenir. N'importe qui peut participer à nos cérémonies, à deux conditions : qu'il se déchausse en entrant et qu'il soit proprement mis. »

Le visiteur français peut donc venir en toute tranquillité. Il sera accueilli par des regards bienveillants. Il peut s'asseoir, observer, mais attention, par respect pour les conventions, il doit être assis dans la position du lotus, en tailleur. L'atmosphère sereine, comme le dit la jeune femme, permet de « se nettoyer l'esprit et s'apaiser pour le reste de la semaine ».

Si au début la salle était minuscule, avec le temps, le fondateur a réussi à obtenir un espace de 100 m^2. Aujourd'hui, on compte 2 000 personnes par semaine avec des pics de fréquentation le vendredi, jour de rituels. Les fins de semaine, des repas végétariens sont gracieusement offerts aux fidèles.

« Nous ne faisons pas d'aide sociale à proprement parler, mais c'est certain, beaucoup de gens trouvent des solutions à leur problème en rencontrant d'autres fidèles qui peuvent les aider ou les aiguiller. Le temple est devenu, non seulement un maillon fort de l'entraide, mais aussi un repère pour la diaspora. »

Dans son quotidien, la nièce du fondateur se fond dans sa vie parisienne, en adopte l'habillement et les habitudes, mais au temple elle a plaisir à porter la tenue traditionnelle et parler sa langue maternelle.

Parmi les fidèles, étrangement, et peu de gens le savent, on compte un grand nombre d'Antillais et de Réunionnais, qui sont historiquement de confession hindoue. Des compatriotes qui nous permettent de nous sentir plus proches de cette religion méconnue de nos sociétés occidentales.

Sri Manicka Vinayakar Alayam
17, rue Pajol
75018 Paris
Tél. : 01 40 34 21 89

Un parfum d'exotisme à Notre-Dame de Paris

Depuis près de trente ans, Joachim est le gardien de la cathédrale Notre-Dame de Paris. C'est lui qui, le matin, fait le tour de la bâtisse, avec probablement le plus imposant trousseau de clés que Paris ait vu dans son histoire. Il est chrétien et vient de Pondichéry.

« Il y a vingt-huit ans maintenant que je travaille ici, d'abord comme sacristain, puis comme gardien. Un lieu incroyable. »

• • •

Il est le seul à vivre véritablement sur place. Installé au pied de la cathédrale, dans un logement de fonction, une enclave indienne. Son appartement est un morceau de Bollywood qui exhale l'encens et le curry. Son épouse vit en tenue traditionnelle et la décoration flamboyante tranche de manière radicale avec le symbole du gothique, à quelques mètres de là.

C'est le hasard qui a mis ce travail sur son chemin. Tout juste arrivé à Paris, Joachim cherchait un sens à sa vie et une direction professionnelle. Perdu, il est entré dans la cathédrale pour se recueillir. Et en un clin d'œil, il a tout trouvé et, pour rien au monde, il ne changerait de vie.

Ce qu'il aime par-dessus tout, c'est se retrouver seul dans la cathédrale quand les visiteurs sont partis. Les portes sont fermées à double tour. Il peut prier en paix. En tête-à-tête avec la Vierge.

Notre-Dame de Paris
6, parvis Notre-Dame
Place Jean-Paul II
75004 Paris
Tél. : 01 42 34 56 10

24

Sur les toits de Paris, l'appartement de Boris Vian

18e arrondissement

Sur les toits de Paris, l'appartement de Boris Vian est préservé tel qu'il était à sa mort en 1959. Ce n'est ni un musée ni un mausolée, mais un lieu de vie qui continue à accueillir le monde entier, exactement comme l'auteur en avait l'habitude. D'ailleurs, son nom est encore sur la boîte aux lettres.

Il y a toujours un plaisir un peu coupable à pénétrer dans une impasse privée parisienne. La cité Véron longe le Moulin rouge. Au fond à droite, un code, une cour, une entrée, deux étages et c'est là… une porte au-dessus de laquelle est inscrite : « La direction de l'établissement informe les génies méconnus que le manque de place ne permet pas de les recevoir. Boris Vian. »

Joli clin d'œil apposé par la maîtresse de maison, Nicole, qui vit dans l'appartement de Boris Vian depuis trente ans.

Quand Nicole ouvre la porte, c'est comme un rayon de soleil en plein hiver qui réchauffe instantanément le cœur. Elle a une petite cinquantaine d'années, des cheveux roux, un sourire franc et un enthousiasme chevillé au corps. Lorsqu'elle présente les lieux, elle dit toujours « nous sommes chez Ursula et Boris Vian », en insistant délicatement sur le prénom de madame. Et pour cause, Boris y a passé six ans de sa vie, tandis qu'Ursula y est restée cinquante ans de plus.

Cet appartement est en réalité celui de l'histoire d'un couple. Un couple inséparable au-delà de la mort. Car sans Ursula, il n'y aurait pas de Boris dans les livres d'école et les MJC de France. Quand Vian meurt, en 1959, il a connu un certain succès en tant que chanteur et parolier, mais comme écrivain, on frôle le fiasco : sept livres publiés dans l'indifférence générale et un seul encore disponible. Un demi-siècle plus tard, grâce au travail d'Ursula, Boris Vian fait partie des dix auteurs classiques français les plus lus. Il est traduit en quarante langues. Il a même eu les honneurs du cinéma grâce à Michel Gondry.

Entre-temps, à force de ténacité et portée par son amour, Ursula a œuvré à faire connaître l'œuvre de Boris. Elle n'a jamais quitté l'appartement qui avait abrité leur amour et, de ce petit nid du quartier Blanche, elle a construit la mémoire et la réputation de ce génie de l'écriture. Aujourd'hui, Ursula n'est plus, mais Nicole est la gardienne de la mémoire et de la joie de vivre de Boris Vian. Mais avant d'en découvrir davantage sur elle, pénétrons dans ce lieu de vie intact et magnifique.

« J'ai joué les Le Corbusier en petit », s'amusait à dire Boris Vian. Et de fait, ingénieur de formation, il souhaite optimiser l'espace. Il fabrique des cloisons, des escaliers, démultiplie l'espace de manière judicieuse. Il construit des étagères pour accueillir sa littérature et ses vinyles de jazz. Et comme il est grand et costaud, 1,88 mètre, il se fabrique une chaise de travail à sa convenance. Elle n'est pas forcément belle, elle est poétique. Comme la vue depuis cette incroyable terrasse située sur le Moulin rouge.

« Il est important de se remettre dans le contexte. Dans les années 1950, neuf Parisiens sur dix n'auraient pas voulu de ce quartier », explique Nicole. En effet, si Vian arrive à cet endroit, c'est bien parce qu'il tire le diable par la queue. C'est probablement le seul quartier où, avec sa femme, ils peuvent avoir un peu d'espace pour pas bien cher. Un peu de place et un peu de chaleur humaine. C'est aussi le quartier des artistes et des salles de danse ; et comme Ursula est danseuse, cela paraît être le choix idéal... Leur voisin n'est autre que Jacques Prévert. Ils partagent une immense terrasse, mais chacun respecte l'intimité de l'autre. Curieux des gens, la porte des Vian est toujours ouverte pour les accueillir.

Après le bureau de l'auteur, on découvre un mini-débarras, ancienne loge d'une cartomancienne où sont stockées des dizaines, voire des centaines d'outils. L'homme aime tant bricoler. « Là c'est la chambre de son fils, qui est aujourd'hui celle du mien. Vous voyez le lit, c'est lui qui l'a fait, et les tiroirs dessous fonctionnent encore parfaitement. »

Attention, Nicole ne vit ni dans un mausolée, ni dans un temple. Elle habite un lieu vivant. Puisqu'elle ne peut évidemment pas renouveler l'ameublement, elle ne se gêne pas, en revanche, pour changer de place le divan ou le fauteuil. Tout comme les innombrables bibelots qui témoignent de l'humour de Vian. De l'art populaire et naïf : des équerres, une plaque d'immatriculation, des instruments de musique, des jeux d'enfants, des petites voitures, d'innombrables petites boîtes en métal. L'une renferme la moitié d'un billet de 500 francs que Vian avait trouvé sur le boulevard. « S'il avait été entier, il l'aurait dépensé. Toujours à court d'argent, il ne se serait jamais pris pour Gainsbourg », nous confie Nicole avec un sourire.

Puis vient la chambre. Dans un coin, une paire de chaussures de danse pailletées, un souvenir d'Ursula bien sûr. Une évidence s'impose : l'appartement parle de lui, bien plus que d'elle. Pourtant, Ursula était une femme de caractère qui n'a pas disparu derrière son mari. Suédoise, suisse et protestante, elle n'avait qu'une seule devise : « Peu mais bien ».

On imagine combien elle devait être amusée et bousculée par cet homme capable de faire une ouverture dans le mur de la chambre parce que la baignoire était trop grande pour la salle de bains. Au-dessus d'une porte, la photo de leur faire-part de mariage. Sur un meuble, on découvre un couple en plastique qui nous fait face. Elle est blonde, il est brun. N'est-ce pas Boris et Ursula qui s'amusent de notre émerveillement ?

Nicole semble touchée par l'émotion inévitable des visiteurs. Pourtant, en trente ans, elle en a vu passer, du monde. Des ministres, des stars, des auteurs de toutes les trempes, des inconditionnels, des paumés, des génies. « J'ai voulu garder l'esprit de la maison ouverte sur le monde, alors j'accepte de faire visiter. Je ne demande qu'une chose : que l'on m'écrive pour prendre rendez-vous. »

Au départ, rien ne prédisposait Nicole, la fille de cœur d'Ursula, à devenir la représentante des héritiers de Boris Vian. C'était évidemment compter sans les hasards de la vie. Nicole est née en banlieue, dans un environnement un peu dur. Elle n'a pas l'air d'avoir eu une famille très présente. Très jeune, elle s'accroche aux livres et à la couture. Sa prof d'histoire se prend de tendresse pour cette gamine un peu paumée. Elle l'accompagne dans la vie et lui prête sa maison de campagne, dans le sud de la France.

Là-bas, Nicole rencontre Ursula Vian, qui y passe ses vacances. On est en 1976, l'œuvre de l'auteur est alors unanimement reconnue. Ursula se liera rapidement d'amitié avec Nicole.

Au début des années 1980, celle-ci se retrouve dans une période de grandes turbulences, et vient frapper à la porte de la cité Véron, à Paris. Ursula l'invite à s'installer sans lui poser de questions. Naturellement, Nicole se rend utile. Elle devient la collaboratrice d'Ursula. Elle aide à trier les centaines, les milliers d'archives, de feuilles volantes, de manuscrits, d'annotations. Douze ans d'un travail de fourmi. Nicole donne également des coups de main aussi à la famille Prévert. Peu à peu, le petit monde de la cité Véron devient sa famille, son univers.

Telle une éponge, elle s'imprègne du monde de Vian, elle côtoie les chercheurs qui explorent son œuvre, elle répond aux différentes demandes concernant l'artiste, seconde Ursula pour des tâches diverses et variées. Elle finit par devenir la fille de la maison. Étonnant hasard de la vie qui fait que même si Nicole n'a jamais rencontré Vian de son vivant, aujourd'hui, protectrice de son patrimoine et de son œuvre, elle est sans conteste la personne qui le connaît le mieux. Mais elle n'en tire aucune vanité. Elle sait s'effacer derrière l'homme et l'œuvre, et derrière le souvenir d'Ursula.

Cet appartement appartient toujours au Moulin rouge. La permanence de la présence de Vian ne tient finalement qu'à un bail locatif, et la terrasse ferait rêver tous les Parisiens aujourd'hui. Une terrasse que Boris Vian, membre éminent de l'Académie de pataphysique, avait baptisé *La Terrasse des trois satrapes*, les deux autres membres étant Jacques Prévert et son chien Ergé.

Appartement de Boris Vian
6, cité Véron
75018 Paris
ww.borisvian.org

Entretien avec Nicole Bertholt

KATIA CHAPOUTIER : Que représente pour vous l'appartement de Boris Vian ?
NICOLE BERTHOLT : La continuité d'une incroyable histoire qui a débuté en 1953 sans les deux principaux protagonistes, remplacés à ce jour par l'esprit vivant qu'ils ont laissé et partagé avec les visiteurs et créateurs de passage.

K.C. : Quel y est votre meilleur souvenir ?
N.B. : Peut-être qu'il n'y a en pas un mais beaucoup, c'est cela aussi l'esprit de la maison. Tout est bon à prendre, mais il est sûr qu'en voyant arriver Marcello Mastroianni, Serge Gainsbourg et bien d'autres, j'ai vécu des moments très forts.

K.C. : Quelle y a été votre rencontre la plus insolite ?
N.B. : La plus émouvante : cette Noire américaine qui est venue tout droit de New York, et qui voulait s'asseoir dans la chaise de Boris Vian, regarder

là où il avait regardé et savoir qui était cet homme qui avait voulu défendre les Noirs. Et aussi cette grand-mère venue avec sa petite-fille nommée Rochelle et qui voulait savoir qui avait bien pu inventer un prénom pareil ! (Le prénom vient du roman de Vian *L'Automne à Pékin*).

K.C. : Quelle place l'appartement de Boris Vian tient-il dans votre vie ?
N.B. : C'est un socle solide et permanent duquel je réussis de temps à temps à me décoller. Ce qui est bien, c'est que j'ai appris à vivre avec presque rien puisque j'ai à disposition presque tout dans l'appartement. Ainsi, je suis légère dans ma vie personnelle, et mes enfants aussi.

25

Le musée des Compagnons charpentiers

19e arrondissement

Au départ, c'est un bistrot comme un autre. Puis le regard s'attarde et l'on remarque sur la façade quelques symboles, une équerre et des outils, mais aussi une devise : « Ne pas se servir, ne pas asservir, mais servir. » Où sommes-nous ? Aux arts et sciences réunis, le restaurant des compagnons charpentiers. Non seulement, une excellente adresse pour se restaurer, mais aussi le siège du musée le mieux dissimulé de Paris.

Un restaurant qui abriterait dans son arrière-cour un musée ? L'idée est assez saugrenue pour être explorée. Les horaires d'ouverture ? Il n'y en a point, c'est selon la disponibilité et l'humeur des serveurs. Certains vous diront qu'il vaut mieux venir en dehors des heures de service. D'autres vous conseilleront l'inverse, car au moins vers 20 heures, vous êtes sûr de trouver quelques compagnons attablés.

Sur l'avenue Jean-Jaurès, le restaurant Aux arts et sciences réunis affiche une devanture impressionnante. La salle est pleine et le volume sonore à bloc. On rigole, on papote, on se hèle. Les serveurs ne chôment pas et slaloment entre les tables en lançant des bons mots ici et là.

« Bonjour, je viens visiter le musée.

– Ah, mais là, ça va être compliqué, j'ai personne pour vous ouvrir. Il va falloir revenir, ma petite dame.

– Oh non, cela fait plusieurs fois que je tente ma chance ! »

L'homme soupire, esquisse un sourire. Il file à la caisse sans un mot, attrape un trousseau de clés et revient vers nous. D'un signe de tête, il nous demande de le suivre. Traverser l'arrière-cour. Entrer dans un autre bâtiment. À gauche, une porte en bois fermée à double tour. « Vous tombez mal, cette semaine, nos compagnons charpentiers sont en stage. Mais bon, je vais quand même essayer de vous trouver quelqu'un. »

Avant d'introduire la clé dans la serrure, il bifurque à droite dans un immense atelier. « Hé, quelqu'un sait où est Kevin ? J'ai besoin d'un charpentier pour faire visiter le musée. » Quelques voix concentrées marmonnent une réponse. Il y a de l'espoir, Kevin a été aperçu il y a peu. Un coup d'œil furtif dans l'atelier, cinq ou six jeunes hommes s'affairent sur des établis. Ils construisent des maquettes en bois.

Le serveur ouvre enfin la porte sur une pièce d'environ 60 m^2 remplie de maquettes. Non, c'est beaucoup plus sophistiqué que cela. Nous sommes face à des chefs-d'œuvre : des charpentes insensées, version miniature, mais miniature de 3 et 4 mètres de haut tout de même.

« Bon voilà, des œuvres dont vous trouverez les explications sur des cartons, mais ce serait mieux que Kevin vous explique parce que, franchement, ce sont des trucs fous. Ce qu'il faut savoir, c'est qu'ici, c'est un lieu de vie des compagnons. Et en particulier, des compagnons charpentiers. Ils mangent à la brasserie, travaillent à l'atelier et dorment au-dessus de vos têtes. Regardez au fond, il y a toutes les archives depuis 1833. Ici, c'était une auberge au départ et puis, au fil du temps, c'est devenu un lieu pour les compagnons. »

On sent le serveur prêt à nous faire la visite lui-même, mais soudain, il semble se souvenir qu'en salle, il y a comme qui dirait foule. « Bon allez, c'est pas tout, mais je vais voir si je vous trouve Kevin, il est peut-être en salle, en train de manger, puis j'ai du boulot, aussi. »

Nous voilà donc seuls dans cette cathédrale de chefs-d'œuvre. Autour de nous, des constructions en bois toutes plus complexes et fascinantes les unes que les autres. Le serveur revient : « Ah oui, n'hésitez pas à faire des photos et même je dirais plus, passez votre appareil à l'intérieur des maquettes pour photographier, vous allez voir, c'est incroyable. »

On ne sait pas où regarder. Tout est beau. Tout semble délicat et sophistiqué. La première maquette qui est devant la porte a nécessité treize ans de travail et s'appelle le *Viannay*, du nom d'un compagnon qui supervisait le projet. Elle a été présentée à l'Exposition universelle de 1900 et y a reçu la plus haute distinction. Au premier coup d'œil, on a l'impression d'être face à un clocher de bois. Puis, à bien y regarder, on voit à l'intérieur une forêt de charpente, de colimaçons, d'enchevêtrements complexes de poutres. Suivant le conseil du serveur, on glisse le smartphone par les ouvertures pour prendre une photo. Et là, le résultat est tout simplement ahurissant. Comment a-t-on pu condenser autant de finesse d'exécution et de difficultés de traitement du bois pour des espaces que l'on ne voit pas ? Difficile, voire impossible à décrire car il faudrait posséder un vocabulaire de charpentier pour mettre en valeur toutes les prouesses.

À côté, le *Mazerolles*, 4,38 mètres de haut. Il ressemble lui aussi à un clocher, mais dans un style différent. « Bonsoir ». Kevin arrive, le sourire engageant. Sans préambule, il plonge dans l'explication. « C'est une maquette qui a nécessité douze ans de travail. Le bois a été fourni par des compagnons devenus employeurs. Cinq compagnons travaillaient dessus et les équipes changeaient tous les trois mois. C'était un moyen efficace d'apprendre le métier. »

Et soudain, on se sent si petit devant tant de travail, de précision. « C'est encore la même chose aujourd'hui. Pour devenir compagnon, on travaille la journée, on est salarié, et de 20 heures à 22 heures, on est en cours. Puis après, on travaille sur maquette, cela nous apprend les bons gestes, lever les bois dans le bon ordre. L'objectif premier d'un aspirant compagnon est de devenir autonome. Autonome sur le chantier, dans son travail. Et c'est tout l'intérêt de s'entraîner sur des maquettes. »

Plus loin, encore une œuvre insensée nommée le *Berryer*, en hommage à maître Berryer. « En 1845, les compagnons ont fait grève car les conditions de travail étaient insupportables. Mais à l'époque, les grèves n'étaient pas autorisées. Disons qu'une loi interdisait une réunion de plus de trois personnes du même corps de métier. Et là, ils étaient évidemment bien plus. Ils ont été arrêtés et même, une *mère* était avec eux. Une mère, c'est une femme qui s'occupe des compagnons. Maître Berryer a décidé de les défendre gratuitement et il a réussi à les faire sortir de prison. Alors les compagnons lui ont fait ce chef-d'œuvre pour le remercier. L'avocat a demandé dans son testament que l'œuvre soit rendue aux compagnons quand il décéderait. »

Cent quatre-vingts ans plus tard, on sent dans la voix de Kevin la reconnaissance et le respect de toute une organisation envers un homme visiblement courageux et bon.

Pour les compagnons, et encore plus les aspirants compagnons, ce musée est une source d'inspiration, un modèle, un graal. La preuve de ce qu'un travail concentré et acharné peut produire. C'est aussi le symbole de l'esprit d'équipe et d'une certaine fraternité.

« Pour être aspirant, il faut faire une première maquette. Une fois qu'elle est terminée, elle est exposée pendant deux ans dans le restaurant. Ensuite, on peut la récupérer. Beaucoup les offrent alors à leurs parents. Ensuite, il y a entre deux et quatre ans d'apprentissage, et enfin deux années pendant lesquelles on doit transmettre le savoir acquis. » Kevin en est précisément à cette dernière étape. Il est aujourd'hui compagnon et donne des cours le soir.

« Nous sommes une trentaine de compagnons charpentiers ici. Mais il existe d'autres sociétés de compagnons. Il y a la société des compagnons menuisiers, ébénistes et serruriers, celle des maçons tailleurs de pierre, celle des couvreurs, plombiers, plâtriers et celles des peintres vitriers. »

Dernière étape de l'apprentissage, une autre maquette, beaucoup plus complexe celle-ci, dont le but est encore une fois de montrer que l'on est capable d'être discipliné et de travailler en équipe. Car les compagnons s'aident et se conseillent dans la réalisation.

L'heure tourne, Kevin doit rejoindre ses apprentis. On referme la porte à clé. Le trousseau repart dans la caisse du restaurant. Vient alors le moment de découvrir la table. Verdict ?

C'est excellent. Une bonne cuisine familiale à un prix plus que raisonnable, avec des produits de grande qualité. Les serveurs sont particulièrement avenants et heureux de parler des nombreuses vitrines de la brasserie, où l'on découvre des trésors d'ingéniosité et de complexité sur toutes sortes de maquettes. Au menu, une mention spéciale pour le tartare et la tarte Aux arts et aux sciences réunis. Pas de doute, c'est bien là que les compagnons prennent des forces pour faire tant de merveilles.

Aux arts et sciences réunis
161, avenue Jean-Jaurès
75019 Paris
Tél. : 01 42 40 53 18

26

Aller au cimetière et revenir...

20e arrondissement

« Vous êtes Roger ?
– Euh non, justement je l'attends », répond un monsieur avec un sourire presque gêné.
Le rendez-vous a été donné devant la Caisse d'Épargne, à la sortie du métro Père Lachaise. Une petite dizaine de personnes attend, une réservation à la main. À l'heure dite, 14 heures pétantes, une voix puissante s'élève soudain : « Bonjour, bonjour, bonjour ! Je suis là. Par ici la visite ! » Un véritable ton de bateleur, un regard franc, une bonne humeur évidente, c'est Roger Vanni et pas de doute, quand on le rencontre, on a instantanément envie de le suivre. Même dans un cimetière.

Roger a l'âge de la retraite. Il a longtemps travaillé pour la Ville de Paris, où il s'occupait des personnes en difficulté. Avec le temps, il a eu envie de légèreté, de rencontres, de partage. Il est alors devenu guide au cimetière du Père-Lachaise. Pourquoi le Père-Lachaise ? Parce que c'est là qu'il venait promener sa fille, il y a une petite quarantaine d'années déjà. Avec une pointe de nostalgie, il reconnaît qu'à l'époque c'était plus romantique, plus sauvage et probablement entretenu différemment. Mais ce n'est pas grave, quoi qu'il en soit, il garde de l'affection pour son terrain d'exploration favori.

« 44 hectares, c'est aussi grand que le Vatican. » Il ne manque pas de ronchonner sur le fait que la Mairie de Paris a fait grimper le prix des concessions, mais aime aussi rassurer le visiteur : il reste suffisamment de place pour s'y faire enterrer. « Certains marbriers arrivent parfois à vous proposer jusqu'à trois emplacements différents. » Pour un peu, on aurait presque envie d'avoir son petit coin de paradis dans cette campagne parisienne. « Mais attention, aime-t-il prévenir, évitez surtout d'être sous les arbres car c'est là que les tombes s'abîment le plus. À cause des oiseaux, vous comprenez ? »

Est-ce une visite ? Un spectacle ? Une procession où l'on égraine des souvenirs ? Tout cela à la fois car Roger adore relater à son public la petite histoire qui permet de se raccrocher à la grande. C'est bien cela le Père-Lachaise, plus de deux cents ans qui racontent la France ou, tout au moins, sa capitale.

« D'ailleurs, savez-vous qui était le Père de La Chaise ?, lance-t-il, l'œil malicieux. C'était le confesseur de Louis XIV. Rien que ça ! Le cimetière date du début du XIXe siècle. Mais personne n'avait alors vraiment envie d'être enterré là car ces faubourgs étaient trop éloignés de

Paris. » La capitale est, en effet, bien plus petite à l'époque et le 20e arrondissement est encore de la science-fiction. Alors, pour promouvoir les charmes de ce petit bout de nature, on met en place ce que l'on pourrait appeler aujourd'hui, un « coup marketing ». Les restes de Molière et de La Fontaine y sont transférés, histoire que ce beau monde attire le plus grand nombre. À présent, il n'est plus tout à fait certain qu'il s'agissait vraiment de Molière et de La Fontaine dans leurs tombes, mais peu importe, le subterfuge a fonctionné et le nombre de grands noms désormais enterrés dans le cimetière le transformerait presque en musée.

Lors de la visite, Roger varie les itinéraires selon ses envies et l'intérêt du public. Mais, comme partout, il y a les incontournables, les *bankable*, ceux que l'on ne voudrait rater pour rien au monde. La *Joconde* des lieux, c'est la tombe de Jim Morrison. Avec un magnétophone de fortune, Roger n'hésite pas à faire écouter un petit extrait des Doors. Sur la concession, il n'y a en réalité rien à voir si ce n'est la barrière qui tente, tant bien que mal, de protéger la tombe, et quelques bouteilles d'alcool vides abandonnées. Quant au buste de l'artiste, il a fini par disparaître. Comme il était constamment abîmé par les fans, on a décidé de ne plus le rénover, cela devenait trop coûteux. « Pour le 25e anniversaire de la mort de Jim Morrison, la foule était tellement importante que l'on a dû fermer les portails du cimetière, mais certains fans les ont malgré tout défoncés. » L'arbre jouxtant la tombe est protégé par des canisses. Elles symbolisent l'espoir, un peu vain, que les visiteurs cessent d'y coller leurs chewing-gums en souvenir de leur passage. Cette tombe est devenue tellement symbolique pour les esprits un peu rebelles que, régulièrement, on est obligé de poster des gardiens pour contenir les débordements. « Les gens sont fous, parfois », soupire Roger.

Il aime par-dessus tout semer un soupçon de culture dans son sillage. « Arman, vous connaissez ? L'artiste ? Mais si, vous le connaissez ! La pile d'horloges de la gare Saint-Lazare, vous voyez ? Eh bien, c'est lui. » La tombe d'Arman porte une inscription qui fait sourire : « Enfin seul ». Ce qui amuse moins, c'est que sa plaque signée a été dérobée. La fauche est un sport très pratiqué au Père-Lachaise.

En face de la concession d'Arman, Mano Solo nous fait glisser vers les pages *people* de *Gala* : « Mais si, souvenez-vous, cet artiste était le fils de Cabu, le dessinateur ! » « Ah oui ! » répond l'assemblée, qui semble mieux connaître le père que le fils. La tombe est jonchée de petits cadeaux, bracelets, tickets de métro avec des mots doux, bouteilles vides et quelques seringues aussi.

Un peu plus loin, Roger enclenche à nouveau son magnétophone. Mais cette fois-ci, c'est pour diffuser du Chopin. La dernière demeure du compositeur est parsemée de drapeaux polonais, en hommage à la nationalité de sa mère. D'ailleurs, la Pologne et la France se sont toujours disputé la paternité du musicien de génie, au point que son cœur, dit-on, serait conservé dans un pilier d'église à Varsovie. Sur sa tombe, une muse en pleurs dont les visiteurs s'évertuent, restauration après restauration, à arracher les doigts. Comme des reliques magiques. On doit l'œuvre au sculpteur Clésinger, gendre de George Sand. « Ah, mais ils étaient amoureux ces deux-là ! » s'exclame une romantique.

À quelques pas de là, la tombe de Pierre Desproges. Roger s'empresse de rappeler sa célèbre plaisanterie : « "Noël au scanner, Pâques au cimetière." Et de fait, précise-t-il, soudain plus grave, l'homme est mort en avril. » La concession est un petit espace tout simple où ont été éparpillées ses cendres. Des roses rouges lui rendent hommage. Au passage, jetons un petit coup d'œil sur la tombe de l'épouse de l'auteur Jean-Louis Fournier, où l'on peut lire cette épitaphe teintée d'humour noir : « Finalement, nous ne regretterons pas d'être venus. »

Au Père-Lachaise, on croise aussi quelques constructions insolites, comme ce totem maya sur la tombe du prix Nobel de littérature de 1967, Miguel Ángel Asturias. Un peu plus loin trône un véritable temple grec miniature sur lequel on peut lire : « Famille Darty ». Et Roger d'ironiser : « Visiblement, la famille a décidé d'investir dans la pierre. » En attendant, le caveau est vide et rutilant comme un sou neuf.

Parmi les petits protégés de Roger, il y a la tombe d'Alain Bashung. Sobre, fleurie de tickets de métro dont l'un dit : « On est venu faire un coucou. Les âmes planent. » Pour Roger, c'est le moment du coup de gueule maison. « Vous n'avez rien vu ? L'entreprise funéraire a fait son travail n'importe comment... Regardez donc ! » Et là, sidération dans l'assemblée quand Roger montre du doigt la coquille dans le nom « Baschung », où un « c » vient semer la discorde. Il semblerait que la veuve soit en procès avec l'entreprise mais la faute reste bien là... Pour alléger l'atmosphère, Roger lance un petit extrait de *Ma petite entreprise*. « Vous savez de quoi il parle, là ? Vous savez ? Admirable maniement de la langue française, Bashung parle de sa vie sexuelle. » Sur un pot de fleurs, une inscription écrite au typex : « Il faut qu'on s'aime et que l'on sème beaucoup de choses derrière nous... » Pas de doute, le chanteur n'est pas oublié, il reçoit son lot de visites et de fleurs quotidiennement.

Un autre artiste dont Roger est fier, c'est bien le mime Marceau. Notre guide ouvre sa pochette en carton pour montrer aux visiteurs une photo de l'artiste aux côtés de la star ultime : Michael Jackson. « Vous vous souvenez du *moonwalk* ? Eh bien, Michael Jackson avait trouvé l'idée chez le mime Marceau. Eh oui, c'est bien notre mime national qui l'avait inventé, mais il appelait cela "la danse contre le vent". » Sur la tombe, quelques cailloux posés par les visiteurs rappellent la confession juive de Marceau, Marcel Mangel de son vrai nom.

Sur une autre sépulture, ce sont des souvenirs pour le moins inattendus que laissent les visiteurs. On y trouve, en effet, des pommes de terre ! Elles sont posées sur la tombe de monsieur Antoine Parmentier, « chimiste, apothicaire, mais aussi créateur de la première école de la boulangerie, c'est à lui que l'on doit l'arrivée de la pomme de terre en France », explique notre guide en souriant devant les exclamations enthousiastes de son public.

Quand Roger arrive à la dernière demeure d'Henri Salvador, il rend d'abord hommage à son humilité. « Il a voulu une toute petite pierre tombale, vous savez pourquoi ? Parce qu'il ne voulait surtout pas faire de l'ombre à sa voisine… Édith Piaf. La Môme dont la tombe est incontestablement l'une des plus visitées et des plus fleuries. Elle est enterrée avec son dernier mari qui, bien que beaucoup plus jeune qu'elle, ne lui a survécu que sept ans.

Ce qui, soit dit en passant, est mieux que la compagne de Modigliani. Effondrée par la mort de son amour, elle se suicide le lendemain. Ils sont enterrés ensemble, et les Italiens de passage déposent en général, en guise de porte-bonheur, quelques pièces sur leur tombe.

Autre porte-bonheur, autre tradition, laisser un baiser au rouge à lèvres sur la tombe d'Oscar Wilde. L'écrivain est mort à l'hôtel d'Alsace en 1900. Son tombeau est décoré d'un sphinx volant récemment nettoyé et protégé par des vitres pour éviter ces fameuses effusions de baisers. Peine perdue. Les femmes romantiques sont volontaires. « Pas plus tard qu'il y a six mois, une jeune fille a essayé d'escalader la croix d'à côté pour accéder au sphinx et cela s'est terminé à l'hôpital », soupire Roger. Les moins téméraires se contentent d'un baiser sur un mouchoir en papier lancé par-dessus la muraille de verre.

Mais l'objet de tous les fantasmes, c'est la tombe de Victor Noir. Une histoire de malchance devenue mythique. Prenez un jeune journaliste de vingt-et-un ans, méconnu, mais bel homme. Son journal a diffusé un article, quelque peu critique, sur le pouvoir en place, à savoir celui de Napoléon III. Pierre Bonaparte, le cousin de l'empereur, pointé du doigt dans la parution, se sent humilié. Il veut provoquer en duel le rédacteur en chef. Victor et l'un de ses confrères sont envoyés en éclaireurs pour organiser l'événement. Visiblement quelque peu sanguin et assez tendu, Pierre Bonaparte se sent immédiatement menacé. Il ne faut pas plus de quelques minutes pour qu'il sorte un revolver de sa poche et tire à bout portant sur le jeune Victor Noir. Beau comme un astre dans sa tenue chic, le jeune homme prévoyait de se rendre chez sa bien-aimée après la négociation. Malheureusement, les balles le terrassent. Un Bonaparte qui tue un journaliste : instantanément, le meurtre devient un symbole politique. On évoque la présence de 100 000 personnes à l'enterrement, qui fut un moment ponctué d'émeutes. Paris s'est alors rapidement transformé en véritable poudrière. Toujours est-il que ledit Pierre Bonaparte sera finalement jugé et s'en sortira par la légitime défense car, selon son avocat, il aurait cru que le jeune Victor dissimulait une arme dans son dos. Arme qui n'était autre que son chapeau.

À l'époque, on demande à Jules Dalou, ami et confrère de Rodin, de réaliser un gisant en bronze. Il avait vu la dépouille de Victor Noir juste après le drame. Il en fit donc une représentation saisissante de réalisme. Le beau journaliste inerte au sol, son haut-de-forme ayant roulé sur le côté.

Aujourd'hui, Victor Noir n'est plus le symbole des actes injustes de la classe dirigeante. Non, il est paré de bien d'autres vertus. Dans les années 1960, soit près d'un siècle après sa mort, une rumeur se mit à courir. Si les femmes touchaient la bosse au niveau des parties intimes du jeune homme, elles devenaient particulièrement fertiles. « Regardez donc les lèvres, le sexe, les bottes sont luisantes au possible car les femmes pensent qu'il faut se frotter à ses trois parties-là. On voit souvent des petits mots de remerciement ou même parfois des chaussons de bébé glissés dans le chapeau. Régulièrement, certaines viennent même ici faire l'amour. Quoi vous ne me croyez pas ? s'amuse Roger. Et pourtant… », lâche-t-il en s'éloignant.

Le public suit sagement et en redemande toujours plus. Ça tombe bien, Roger a encore bien des anecdotes dans sa besace. Mais aussi quelques consignes : « Vous n'oublierez pas de mettre vos appréciations sur Billetreduc, hein ? » Histoire que sa petite entreprise ne connaisse pas la crise…

Cimetière du Père-Lachaise
16, rue du Repos
75020 Paris
E-mail du guide : r.vanni@free.fr

27

Le Grand Trianon et son roi méconnu

Versailles

Faisons un pas de côté et quittons Paris pour prendre la direction de Versailles. L'occasion de rencontrer un détective unique en son genre, Jérémie Benoît. Depuis dix ans, en plus de sa mission de conservateur, il relève un défi peu banal : retrouver les meubles d'un roi méconnu, Louis-Philippe. Ce conservateur hors norme souhaite redonner vie à une partie de l'histoire royale oubliée des Français, dans le coin le plus secret de Versailles : le Grand Trianon. Ce palais, depuis des siècles, a abrité l'intimité des grands noms de l'histoire de France.

Pour bien comprendre l'histoire du Trianon, il faut s'offrir un petit voyage dans le temps. À l'époque du Roi-Soleil.

Alors que les travaux battent leur plein du côté du château de Versailles, Louis XIV veut s'offrir un espace de détente. À quelques centaines de mètres, il rase un petit village du nom de Trianon car il y voit l'espace idéal pour son projet. Il imagine alors ce que l'on appellera le Trianon de porcelaine. Un étonnant bâtiment aux nombreuses faïences bleues et blanches qui reflètent la passion de l'époque pour les chinoiseries. C'est une sorte d'immense salle à manger d'été que le roi veut en hommage à la beauté de sa favorite, madame de Montespan. Les années passant, le bâtiment se fragilise, les faïences n'aiment pas les variations climatiques et la belle Montespan, mêlée à l'affaire des poisons, passe de mode. La petite chinoiserie charmante est alors rasée. Louis XIV souhaite créer un nouveau lieu de délassement plus beau, plus pérenne et digne de son rang, où sa nouvelle épouse, madame de Maintenon, régnera en toute discrétion.

Jules Hardouin-Mansart, l'architecte favori du roi, s'inspire d'une loggia à l'italienne et imagine un palais de marbre polychrome. Louis XIV adore les jardins, on raconte que Le Nôtre lui souffle l'idée d'un péristyle, avec des colonnades qui assurent une transparence et permettent de profiter pleinement des extérieurs. Le palais sort de terre en moins de deux ans, et on murmure que le Trianon est la plus belle fleur du jardin.

C'est la première fois que le roi s'offre un château sans escalier d'honneur. Cela se veut être un lieu plus simple où le souverain ne reçoit que sur invitation nominative. Traduisez : si madame ne plaît pas à Louis XIV, sans carton d'invitation, elle ne pourra accompagner son époux. On est ici entre amis et entre gens qui le valent bien. Même si le palais se veut discret, il fait écho aux constructions des empereurs romains de l'Antiquité. Ses colonnes monolithiques de plusieurs tonnes de marbre viennent des Pyrénées, et pour les acheminer, on a construit des routes. Cela a coûté une fortune, mais le roi veut montrer sa puissance et sa suprématie, même auprès de ses intimes.

Cette demeure devient rapidement à la mode, au point que mot « Trianon » entre dans le langage commun. Il fait référence à un petit manoir, maison de campagne à proximité d'un château. À travers l'Europe, toute la noblesse va vouloir le sien.

Le Trianon est alors le lieu le plus fleuri de Versailles. On y fait venir des bulbes et des plantes de toute l'Europe. Le Nôtre invente une technique à base de pots de céramique qui permet de fleurir les jardins toute l'année et même d'en changer les décors à tout instant, selon l'envie du souverain. Pour le roi, qui aime surprendre ses invités, cette invention est une aubaine. Les visiteurs arrivent, le parterre est bleu. Et après la collation, lorsqu'ils repartent, comme par magie, le parterre de fleurs est rouge. Le Roi-Soleil affiche ainsi une puissance proche du divin.

À l'intérieur de la demeure, on ne trouve aujourd'hui plus de meubles de cette époque. Deux commodes ayant survécu aux affres du temps sont conservées à Versailles. Il reste cependant des décors sculptés en bois de chêne, d'une délicatesse infinie. Chaque pièce offre une atmosphère différente, mais les thèmes floraux, de la détente et d'Apollon (symbole du Roi-Soleil) sont pour le moins récurrents.

C'est au Trianon que, le 11 août 1715, Louis XIV sent les premiers symptômes du mal qui va finalement l'emporter le 1er septembre suivant. Heureusement, la duchesse de Bourgogne a donné un héritier au trône, le futur Louis XV. Mais celui-ci n'a pas le même attachement au Trianon. Il y voit seulement l'opportunité d'y installer sa femme, Marie Leszczynska. Il lui offre le lieu en 1741 et ainsi, la garde à distance pour vivre ses aventures. Lui ne vient que rarement, pour chasser le gibier. Huit ans plus tard, il décide de reprendre le Trianon pour son utilisation personnelle. Une décision prise sur les conseils de madame de Pompadour.

Le roi est un homme mélancolique. Il a besoin d'être distrait en permanence. C'est le rôle de sa favorite. Elle voit dans ce petit château une opportunité de divertir Louis XV et d'y organiser des dîners particulièrement intimes, comme le souverain les aime. Elle fait construire par l'architecte Gabriel une petite ménagerie, avec des vaches et des moutons. Louis XV, passionné de fleurs, crée un jardin botanique. L'habile marquise réussit à convaincre le roi de construire un autre pavillon près de la ménagerie. Ce sera le

Petit Trianon, qui vaudra au Trianon de marbre d'être affublé du qualificatif de grand. Mais la marquise décède avant la fin de la construction du Petit Trianon.

On le sait, Louis XVI offre ce dernier à son épouse Marie-Antoinette. Il ne s'intéresse pas tellement au grand, se contentant d'en modifier l'allure des jardins. Pour lui, le palais privé est synonyme d'un événement familial douloureux : la mort de sa fille, madame Sophie. Un tableau d'Élisabeth Vigée-Lebrun montre Marie-Antoinette entourée de ses enfants à côté du berceau vide. Un événement familial tragique, comme annonciateur des malheurs qui allaient suivre.

Le Grand Trianon reprend des couleurs avec l'arrivée de Napoléon Bonaparte, qui l'appelle sa « maison de printemps ». Il y voit un lieu idéal pour installer Madame Mère, mais celle-ci considère les lieux malcommodes et inconfortables.

Avec Joséphine, Napoléon redonne un coup de lustre en 1808 au palais intime. « Il fallait que la réalisation soit rapide mais sans être trop onéreuse. On a par exemple réutilisé des soieries de l'époque de Marie-Antoinette », souligne Jérémie Benoît. Mais en 1809, Napoléon commence à mûrir l'idée d'un divorce. Il pense céder Malmaison à Joséphine et prendre le Trianon pour château privé. Il a bien du mal à quitter cette femme dont il est encore tant épris. En même temps, il ne peut rester sans héritier et Joséphine est clairement incapable de lui en donner un. Napoléon finit par la quitter à la mi-décembre, et passe un dernier Noël avec elle au Trianon. Des comptes rendus de l'époque racontent toute la tristesse du couple amoureux obligé de se séparer pour les besoins de la grande histoire.

Vient ensuite Marie-Louise, sa nouvelle épouse, que l'Empereur appelle dans l'intimité « le ventre ». S'il n'en est pas amoureux, elle remplit le contrat et permet à l'empereur d'avoir un héritier. On améliore le confort des lieux. Napoléon fait même installer un réservoir d'eau pour sa baignoire. Il veut un endroit fonctionnel car il est un homme pressé, maniaque et insomniaque. D'ailleurs, la décoration ne l'intéresse que dans le message politique qu'elle se doit de dégager. Tous ses palais sont organisés et meublés de la même manière. Et le Grand Trianon n'échappe pas à la règle.

Charles X, quant à lui, ne vient qu'une fois au Trianon. Il y passe une journée sur le chemin de Rambouillet, où il s'apprête à abdiquer.

Puis vient Louis-Philippe, si mal connu des Français. Le « roi bourgeois », comme on l'appelle. Ce n'est pas un roi qui règne, mais un roi qui travaille. Louis-Philippe se veut démocratique et se revendique non pas comme le roi de France, mais comme le roi des Français. Il va trouver dans le Grand Trianon un lieu idéal pour installer sa nombreuse famille. À cette époque, il supervise les travaux de Versailles, qui ont pour vocation de transformer le château, symbole de l'Ancien Régime, en musée, dédié « à toutes les gloires de la France », une idée judicieuse.

« Coincé entre deux empereurs, Louis-Philippe a été un peu laissé de côté par l'histoire », se désole Jérémie Benoît. Pourtant, ce fut le dernier roi à occuper le Grand Trianon. Alors, depuis qu'il est conservateur, Jérémie Benoît tente de retrouver son mobilier qui, loin des dorures du XVIIIe siècle, est d'une élégance sobre qui commence enfin à séduire notre époque. Pour cela, il plonge dans l'inventaire des meubles de l'époque. Un immense livre qui ressemble à un grimoire et décrit très précisément chaque pièce et son contenu. Comme chaque objet ou meuble est doté d'une référence, Jérémie Benoît part ensuite à leur recherche dans les imposantes réserves du château. Certaines tables ou placards ont été utilisés dans des bureaux, alors il faut s'armer de patience pour retrouver leur trace. Il arrivait aussi souvent à Louis-Philippe de recycler du mobilier Empire : le style Empire était plutôt passé de mode mais avait du coup le mérite de pouvoir être acquis à des prix intéressants.

« Il est important de retracer l'historique, de savoir de quand date tel ou tel objet. » Parfois, la chance sourit à Jérémie Benoît. Dans les réserves, une chaise, un fauteuil ou une petite table d'appoint attire son attention. Il note sa référence, et son grimoire le conforte dans son intuition : il vient de dénicher une pièce du mobilier royal de Louis-Philippe.

Patiemment, il réinstalle les meubles de certaines pièces du Trianon, qui avait été vidé il y a quelques années. Un véritable travail de fourmi avec un objectif évident : rappeler au grand public qui était cet homme. Victor Hugo l'admirait beaucoup car sous son règne, aucun homme ne fut condamné à mort. Probablement parce qu'il avait été traumatisé en son temps par l'exécution à la guillotine de son père, Philippe Égalité.

On raconte qu'il veut que ses garçons fassent leurs études dans un lycée public afin qu'ils restent en contact avec la réalité et le peuple. S'il revendique des goûts simples comme ses meubles l'attestent, il se laisse peut-être un peu emporter par son amour pour sa fille quand, quelques mois avant la fin de son règne, il lui fait redécorer une chambre au Trianon : comme elle est devenue reine des Belges, il veut lui offrir un décor à sa mesure et installe donc dans la chambre de l'impératrice Joséphine une débauche d'or et de rouge cramoisi. Mal lui en prend, l'histoire va le balayer à son tour.

Après Louis-Philippe, le Trianon va être le théâtre de deux événements historiques importants. En 1873, le procès du maréchal Bazaine, qui se déroule dans le péristyle. Le pauvre maréchal a rendu les armes trop tôt durant la guerre France-prussienne, en 1870. On le tient pour responsable de la défaite française. Son procès secoue la France, mais pour éviter tout débordement, on décide d'utiliser le Trianon endormi.

Pour l'occasion, on installe de chaque côté du péristyle des tribunes en bois pour les badauds, qui vont assister à l'annonce de la condamnation à mort. Le soir même, cette peine est finalement commuée en prison à vie.

En 1920, les alliés et la Hongrie signent le traité du Trianon. C'est l'un des derniers soubresauts de la Grande Guerre. Ce traité vise, ni plus ni moins, à amputer la Hongrie des deux tiers de son territoire. Aujourd'hui, certains gardiens, racontent que nombreux sont les visiteurs hongrois qui viennent au Trianon spécifiquement pour y visiter la galerie des Cotelles. Ils sont émus et bouleversés de découvrir ce lieu où leurs ancêtres ont été humiliés par les alliés.

Au fil du temps, le Trianon devient une sorte de musée hétéroclite et vieillissant. Jusque dans les années 1960, où le général de Gaulle et André Malraux réfléchissent à un lieu pour faire les visites d'État. Rambouillet ? Fontainebleau ? Versailles sera toujours Versailles et le charme du Trianon n'est plus à prouver. L'aile appelée Trianon-sous-Bois, construite lors des agrandissements voulus par Louis XIV, fera l'affaire pour installer des appartements privés. On lance alors une campagne de restauration pharaonique qui, cinquante ans plus tard, reste une référence dans l'histoire des monuments français. On restaure et rénove entièrement le bâtiment en y incluant toute la modernité de l'époque. Entendons par là des systèmes de climatisation, de chauffage, de surveillance et d'électricité version nec plus ultra des années 1960.

On y installe aussi des cuisines imposantes pour les repas officiels. En y accédant, soudain on oublie que l'on est à Versailles car on plonge dans un espace tout en formica et électroménager, où le temps semble s'être arrêté il y a cinquante ans. De quoi faire rêver les bobos brocanteurs en quête de *vintage*. Malheureusement, tout cet espace est fermé au public. Tout comme la chambre privée du général de Gaulle et son bureau.

Mais peut-être la venue d'un mécène pourrait-elle changer le cours des événements. En effet, la direction du château de Versailles aimerait procéder à des restaurations et pourquoi pas, donc, faire mieux connaître ce lieu unique en son genre.

Le Grand Trianon
Porte Saint-Antoine
Boulevard de la Reine
78000 Versailles
Tél. : 01 30 83 78 00
www.chateauversailles.fr/grand-trianon

Entretien avec Jérémie Benoît

Katia Chapoutier : Que représente pour vous le Grand Trianon ?

Jérémie Benoît : Un conservateur n'est pas quelqu'un comme les autres. Avant tout, pour faire court, il rêve. Or, n'est-ce pas un rêve que de vivre dans un château ? Voilà ce que représente pour moi et nombre de mes collègues le fait de travailler au Grand Trianon, à Versailles : vivre dans un château. Et pas n'importe quel château : un symbole du pouvoir aussi ! C'est là qu'ont vécu avant nous nos rois et notre empereur. Tout ce que nous faisons, nous le faisons dans leur ombre : traverser les pièces où ils sont passés, ouvrir les meubles qu'ils ont ouverts, contempler les tableaux, les jardins comme ils l'ont fait. Quelquefois même revivre ce qu'ils ont vécu, ces soirées inégalées comme il s'en donne quelquefois dans la galerie ou au salon des Jardins. C'est leur flamme que nous entretenons, leur souvenir. Vivre et travailler au Trianon, c'est vivre dans un autre temps, dans le passé. Passé idéalisé certes, mais dans mon cas, je m'y sens mieux que dans notre monde.

K. C. : Quel y est votre meilleur souvenir ?

J. B. : Sur quel plan choisir mon meilleur souvenir ? Celui des redécouvertes de meubles ou d'objets ? Oh, oui, on exulte ! Celui des soirées inoubliables et si exceptionnelles qui se donnent parfois au Trianon ? Là, on s'extasie ! Mais non, je crois que mon meilleur souvenir est celui de mes premiers contacts avec les lieux, tout le reste en découle. Je suis littéralement tombé amoureux du Trianon. Je me vois répétant à voix basse en souriant : « Ce n'est pas possible ! C'est moi qui vais être chargé du Trianon ! »

Rassurez-vous, aucune autosatisfaction là-dedans, un contentement infini certes, mais avec la plus grande humilité. Un château comme Trianon, ça vous domine toujours, jamais vous ne vous sentez à la hauteur du lieu et de son histoire. C'est une conquête, ça vous toise toujours en vous jetant des défis.

K. C. : Quelle y a été votre rencontre la plus insolite ?
J. B. : Il y a quelques années, un soir de solstice d'été, j'ai vu, seule, accroupie sous le péristyle, une jeune femme qui contemplait le coucher du soleil. Lui rendait-elle un culte ? Cette vision ne fut pas une révélation, mais une confirmation. Je me suis toujours dit que Versailles était un temple plus qu'un château. C'est sans doute pour cela que la chapelle fut construite si tardivement, à la fin du règne de Louis XIV. Observez la place du Trianon, situé à l'extrémité du bras nord de la croix que forme le Grand Canal. Redressez cette image : nous nous trouvons dans le ciel, au paradis, près du soleil. C'est tout. Le Trianon est également un temple solaire, le palais de la déesse Flore. Après cela, comment voulez-vous ne pas tout lui donner ?

K. C. : Quelle place le Grand Trianon tient-il aujourd'hui dans votre vie ?
J. B. : Le Trianon m'épuise. Je lui donne toute ma force. Et c'est épuisant, un château comme celui-ci ! Ça ne vous quitte jamais, ni durant les week-ends, ni durant les vacances. Il vous vient des idées, des projets. Ça n'est jamais content, jamais satisfait de vos travaux, un Trianon, ça attend toujours plus de vous. J'en parle comme quelqu'un de vivant, mais je vous assure que c'est le cas. Ça se remet entre vos

mains, mais c'est si haut, et ça vous toise avec tant de douceur et de force la fois que vous vous surprenez à dire que vous n'avez rien fait pour lui. Qu'il reste tant à faire encore ! Mais vous savez que vous ne pourrez pas tout faire. Alors il faut bien étaler dans le temps, et vous vous prenez à penser quelquefois à votre successeur : « Sera-t-il à la hauteur ? » Un conservateur ne fait que passer dans un château, tout comme un souverain avant lui. Le château, lui, demeure, avec ses souvenirs, mais il vous impose sa loi.

Index des lieux cités

Index des lieux cités par arrondissement

Table

Dans la collection « Le Passeur Poche » *(suite)*

Marianne Chaillan, *La playlist des philosophes*
Katia Chapoutier, *La vie après le suicide d'un proche*
Henriette Chardak, *La passion secrète d'une reine*
Jean-Yves Clément, *Les deux âmes de Frédéric Chopin*
Stéphane Degonde, *J'ose entreprendre !*
Joëlle Désiré-Marchand, *Alexandra David-Néel, passeur pour notre temps*
Nicolas Dufetel, *Tout le ciel en musique*
Harvey J. Fields, *La Torah commentée par notre temps*
Florence M.-Forsythe, *Tu me vertiges*
Alain Gagnol, *Un fantôme dans la tête*
Patrice Gourrier, *Deviens ce que tu es*
Jean-Pierre Guéno, *Antoine de Saint-Exupéry, le Petit Prince, c'est toi*
Francis Huster, *Albert Camus, un combat pour la gloire*
Francis Huster, *L'Énigme Stefan Zweig*
Jacques Lacarrière, *Ne lâchons par la proie du soleil pour l'ombre des écrans*
Frank Lanot, *Une balle de colt derrière l'oreille*
Nadine Laporte, *Nicolas Bouvier, passeur pour notre temps*
Franz Liszt, *Tout le ciel en musique*
John Main, *Méditer chaque jour et trouver la paix intérieure,*
Béatrice et François Morinière, *Et le ciel devient familier*
Frédéric Nietzsche, *Il faut vivre dangereusement*
Michel Onfray, *Vivre une vie philosophique*
Laurence Roux-Fouillet, *La sophrologie au travail*
George Sand et Eugène Delacroix, *Je serais folle de vous si je ne l'étais d'un autre*
George Sand et Gustave Flaubert, *Tu aimes trop la littérature, elle te tuera*
Nathalie Sarthou-Lajus et Jean-Pierre Winter, *Peut-on croire à l'amour ?*

Jean-Pierre Siméon, *La poésie sauvera le monde*
Henry D. Thoreau, *Histoire de moi-même*
Pascal Tonazzi, *La grande histoire de Notre-Dame dans la littérature*
André Tubeuf, *Bach ou le meilleur des mondes*
Bertrand Vergely, *Transhumanisme : la grande illusion*
Gilles Vervisch, *Peut-on réussir sans effort ni aucun talent ?*
Gilles Vervisch, *Star Wars, la philo contre-attaque*

CET OUVRAGE A ÉTÉ COMPOSÉ
EN PALATINO CORPS 11
PAR NORD COMPO
À VILLENEUVE-D'ASCQ (NORD).

ACHEVÉ D'IMPRIMER
PAR CPI BUSSIÈRE
À SAINT-AMAND-MONTROND, EN SEPTEMBRE 2020,
POUR LE COMPTE DU PASSEUR ÉDITEUR.

Imprimé en France par CPI
en septembre 2020

Dépôt légal : octobre 2020
N° d'impression : 2050732